INTIMATE MARRIAGE
SERIES

용 서
FORGIVENESS

친밀한 크리스찬 커플을 위한 7가지 성경공부 교재

댄 알렌더, 트렘퍼 롱맨 3세 지음
신겸사 옮김

Grace 은혜출판사

InterVarsity Press
P.O Box 1400, Downers Grove, IL 60515-1426
World Wide Web: www.ivpress.com
E-mail: mail@ivpress.com

InterVarsity Press® is the book-publishing division of InterVarsity Christian Fellowship/USA®, a student movement active on campus at hundreds of universities, colleges and schools of nursing in the United States of America, and a member movement of the International Fellowship of Evangelical Students. For information about local and regional activities, write Public Relations Dept., InterVarsity Christian Fellowship/USA, 6400 Schroeder Rd., P.O. Box 7895, Madison, WI 53707-7895, or visit the IVCF website at ⟨www.intervarsity.org⟩.

CONTENTS

여정을 시작하면서

용서

우리는 서로 다른 기대들을 품은 채 결혼생활을 시작한다. 어떤 이들은 결혼이 인생의 모든 문제들의 해결책이라고 믿는다. 그들은 결혼만 하면, 더 이상 외로움 따위는 없을 것이라고 생각한다. 그리고 자신들의 부모는 싸웠을지라도, 자신들만큼은 평화롭고 상호 만족한 부부관계를 이루어 갈 것을 확신하기도 한다. 그러나 아무리 '완벽한' 결혼이라 할지라도, 현실은 우리의 기대와는 사뭇 다르다. 부부간의 갈등이 전혀 발견되지 않는 경우는 오직 가장 피상적인 관계에서만 가능하다. 따라서 문제는 부부가 서로의 차이나 갈등을 피할 수 있느냐 없느냐 하는 것이 아니다. 어떻게 서로 간의 다름과 서로 간의 다툼을 다루어가느냐 하는 것이 진짜 문제이다.

이 교재는 부부관계에 미치는 죄의 영향력들에 대하여 탐구하게 될 것이다. 모든 사람들이 '죄인' 이라면, '두 죄인의 결합' 은 더 많은 문제들을 야기하면 야기했지, 덜 하지는 않을 것이다. 문제는 남편과 아내가 서로에게 죄를 짓게 되었을 때, 한 몸된 부부로서 어떻게 그 문제를 해결해 가느냐 하는 것이다. 성경은 '죄' 에 대하여 분명히 경고하고 있다. 그러나 성경은 또한 동시에 '회개' 와 '용서' 그리고 '화해' 에 대해서도 말씀하고 있다.

성경적 결혼 모형

우리 모두는 행복한 결혼생활을 원한다. 부부가 좋은 관계에 있지 못한 사람들은 관계가 개선되기를 원하고, 좋은 관계를 맺고 있는 부부들은 더 친밀한 관계를 바란다.

우리는 우리의 배우자를 알기 원하며, 또 우리의 배우자들이 우리를 알기 원한다. 우리는 배우자에게 사랑받고 싶어 하며 또한 그들을 사랑하기 원한다. 한마디로, 우리는 하나님께서 애초에 의도하셨던 성경적인 결혼의 모본을 원하고 있다. 그것은 남편과 아내가 각각 부모를 떠나, 친밀한 연합의 삶을 이루고, 육체적으로도 한 몸이 되는 축복을 누리는 것이다.

이 책의 각 장(章)들은 단지 '원만한 결혼생활' 만을 위하여서 뿐 아니라 하나님께서 당신 부부를 위해 예비해두신 '관계의 풍성함' 을 만끽할 수 있기 위해서 무엇이 필요한지를 배울 수 있도록 하나님의 말씀인 성경의 지혜를 탐구해나갈 것이다. 하나님께서 만드신 성경적인 결혼의 모형은 다음과 같은 모습을 띠고 있다.

- 남편과 아내를 더욱 친밀하게 연합시킨다
- 결혼이란 한 인간의 다른 인간을 향한 최우선적인 사랑이라는 점을 서로 이해한다
- 배우자를 향한 사랑과 지식이 점점 더 증가되어져간다
- 영적 성장의 장이 된다
- 따뜻한 용서가 있기에 죄에 대한 스스럼없는 고백이 가능하다
- 서로를 향한 긍휼의 마음을 훈련하는 연단의 장이 된다
- 하나님의 자녀들을 향한 그분의 사랑을 드러낸다
- 하나님의 선물로서의 육체적 친밀함을 즐길 줄 안다
- 인생의 기쁨들과 아픔들을 함께 나눈다
- 죄인을 성인으로 변화시켜가는 역할을 감당한다
- 하나님의 형상을 닮은 존재로서의 서로의 영광을 이끌어낸다

물론 이밖에도 더 많은 특징들이 있을 것이다. 성경은 이에 관한 풍성한 통찰력을 제공하고 있다. 그리고 이 책의 탐구 주제들은 우리의 결혼생활에 그 풍성함을 가져다주는

역할을 하게 될 것이다.

교재 사용법

이 교재는 다양한 방식으로 사용될 수 있다. 각 개인이 자신의 경건생활을 위해서나, 부부가 함께 공부하기 위해서나, 또는 소그룹 모임들이나, 그 밖에 이상의 모든 복합적인 형태의 사용자들에 의해서도 활용이 가능하다. 교재의 각 장(章)들은 다음과 같은 부분들로 구성 되어져있다.

여는 말. 각 장(章) 서두의 몇몇 인용문들은 그 장의 주제들에 대해 사람들이 가지고 있는 생각들이 어떤 것인지를 짐작하게 해줄 것이다. 이 인용문들 다음에는 토론을 위해 사용될 수 있는 질문이 뒤따라 나온다.

본격 탐구. 이 부분에서는 한 개 이상의 핵심 성경 본문이 제시되어질 것이다. 또 여기에서 주어지는 질문들은 성경 본문의 주요 내용들을 전체적으로 숙지하게 하며, 당신의 결혼생활에 그 말씀들을 실제로 적용할 수 있도록 도움을 줄 것이다. 또한 이곳저곳에 배치되어있는 '부연 설명란' 들은 성경본문의 배경이나 질문 등과 관련하여 당신의 풍성한 이해를 돕게 될 것이다.

부부 코너. 이 부분은 당신의 결혼생활에 특별한 적용과 결심을 위한 기회가 제공되는 곳이다.

보너스. 여기에서는 당신 스스로 탐구할 수 있는 좀 더 심화된 내용들을 다루고 있다. 당신이 그룹에 속해 이 교재를 공부하고 있다면, 주중에 당신의 배우자와 함께 '보너스' 부분을 살펴본다면 더욱 유익할 것이다.

소망하기는 이 교재가 당신의 결혼생활을 더욱 행복하고 아름답게 가꾸어가는 일에 도움이 되기를 바라는 마음이다. 우리는 당신이 당신 자신에 대해서는 냉혹하게 정직하고, 당신의 배우자에게는 지혜롭게 정직할 것을 권면한다. 만일 당신이 당신 자신과 하나님의 말씀인 성경 앞에서 기꺼이 정직해질 수 있다면, 하나님은 분명히 당신의 결혼생활에 위대한 일을 행하실 것이다. 그렇게 될 수 있기를 기도한다.

1

하나님이 짝지어 주신 것을...

WHAT GOD HAS BROUGHT TOGETHER...

"저도 남편이 저를 사랑하는 걸 알아요. 하지만 너무나 자주 남편은 저에게 깊은 상처를 주는 말과 행동들을 서슴지 않아요."

"저는 가끔 남편과 이야기를 하는 도중에, 남편의 분을 돋구는 말들을 하곤 해요. 그러면 남편은 완전히 딴 사람으로 돌변하고 말아요."

"아내에게 성에 대한 불만감을 표현하기라도 하는 날이면, 아내는 그냥 입을 다물어버려요. 그리고는 그렇게 화를 낸 채로 몇 시간이고 며칠이고 말을 하지 않아요."

"저도 제가 좀 변했으면 좋겠어요. 정말로요. 어떤 순간엔 너무 화가 나거나 너무 우울해지는데, 저도 어떻게 할 수가 없어요. 제 자신이 도무지 통제가 안돼요."

▶ 여는 말

창세기 2장에 기록된 대로, '결혼제도' 는 하나님께서 제정하셨다. 그분은 당신의 영광을 담고 있는 자신의 형상대로 창조되어진 두 사람을 짝지어주셨다. 그러나 오늘날에는 그들과 동일한 두 사람이 하나님께 반역한 죄인들이 되어있다. 그리고 친밀한 관계로 맺어진 그 '두 죄인' 들의 연합은 그들의 불순종을 약화시키는 것이 아니라, 오히려 더 강화시켜주기가 일쑤이다.

어째서 결혼은 우리의 죄된 모습들을 드러나게 해주는가?

▶ 본격 탐구

창세기 3장을 통해서, 우리는 죄의 속성과 그것이 부부관계에 미치는 영향력을 탐구하고자 한다.

성경 읽기 〈창 3:1-7, 개역한글〉

1 여호와 하나님의 지으신 들짐승 중에 뱀이 가장 간교하더라 뱀이 여자에게 물어 가로되 하나님이 참으로 너희더러 동산 모든 나무의 실과를 먹지 말라 하시더냐

2 여자가 뱀에게 말하되 동산 나무의 실과를 우리가 먹을 수 있으나

3 동산 중앙에 있는 나무의 실과는 하나님의 말씀에 너희는 먹지도 말고 만지지도 말라 너희가 죽을까 하노라 하셨느니라

4 뱀이 여자에게 이르되 너희가 결코 죽지 아니하리라

5 너희가 그것을 먹는 날에는 너희 눈이 밝아 하나님과 같이 되어 선악을 알 줄을 하나님이 아심이니라

6 여자가 그 나무를 본즉 먹음직도 하고 보암직도 하고 지혜롭게 할만큼 탐스럽기도 한 나무인지라 여자가 그 실과를 따먹고 자기와 함께한 남편에게도 주매 그도 먹은지라

7 이에 그들의 눈이 밝아 자기들의 몸이 벗은 줄을 알고 무화과나무 잎을 엮어 치마를 하였더라

1. 창세기 3:1에서 뱀은 하와에게 묻는다. "하나님께서 정말로 너희에게 동산에 있는 어떤 과실도 먹어서는 안 된다고 말씀하셨느냐." 라고. 당신은 지금 뱀이 단순히 정보를 얻기 위한 질문을 던지고 있다고 생각하는가? 아니라면, 뱀의 저의가 무엇인 것 같은가?

2. 왜 하와가 뱀에게 대답을 한 일이 잘못된 것인가?

에덴동산의 뱀은 어디로부터?

창세기는 1장과 2장에 걸쳐 사람과 모든 동식물들을 포함하여 평화롭게만 보이는 지구의 창조 사건을 묘사하고 있다. 천지창조가 마무리되던 여섯째 날에, 하나님께서는 당신이 지으신 그 모든 것들을 바라보시며 심히 기뻐하셨다(창 1:31). 창세기 2장까지는 하나님과 그분의 피조물 사이의 평온함과 조화로움을 방해할 만한 그 어떤 것도 존재하지 않았다. 그런데 갑자기, 창세기 3장에 들어오면서부터 분위기가 확 달라진다. 바로 1절에서부터 간교한 뱀이 등장하기 때문이다. 도대체 이 '사악한 피조물' 은 어디로부터 온 것인가? 또 어떻게 그것은 감히 하나님과 인간과의 관계를 깨뜨릴 소원을 갖게 될 지경에까지 이르게 되었을까?

하지만 아쉽게도, 우리는 이러한 질문들에 대한 우리의 자연스런 호기심들을 모두 다 만족시켜줄 수가 없다. 신약성경은 에덴동산의 그 뱀이 바로 사탄이었음을 분명하게 밝혀주고 있다(롬 16:20, 계 12:9). 그러나 수많은 의문점들은 여전히 남는다. 어떤 사람들은 이사야 14장과 같은 성경 본문들을 사탄의 타락과 관련된 말씀으로 이해하기도 한다. 물론 그 반대의 입장을 보이는 사람들도 있지만 말이다. 이런 의미에서, 창세기 3:1은 우리로 하여금 다음의 사실을 상기하도록 해주는 말씀이다. 성경은 우리의 '구원' 을 위해 우리가 알고 있어야만 할 모든 것들을 완벽하게 계시해주고 있는 하나님의 말씀인 반면, 우리의 모든 호기심을 남김없이 충족시켜주기 위한 책은 아니라는 사실을 말이다.

그럼, 하와는 어떻게 반응했어야 하는가?

3. 뱀은 하나님의 명령의 권위를 어떤 식으로 훼손하였는가?

4. 창세기 3장의 말씀을 기초로 하여 보았을 때, 죄의 특성은 무엇인가?

'선악을 알게 하는 나무'

'선악을 알게 하는 나무(The Tree of the Knowledge of Good and Evil)' 란 무엇인가? 그리고 하나님께서는 왜 아담과 하와에게 '선악을 아는 지식' 을 금하셨을까?
가장 탁월한 해석은 '선악과를 따먹는 행위' 를 인간의 '도덕적 자주권의 주장' 으로 보고 있다. 다시 말해, 선악과를 따먹음으로써, 인간은 자신들이 '하나님보다 더 지혜롭고, 더 권위있는 존재' 라고 스스로 주장하게 되었다는 것이다. '지식(knowledge)' 이라는 히브리어 단어는 '경험' 을 의미한다. 선악과를 먹음으로써 인간은 악을 '경험' 하였던 것이고, '하나님의 판단' 대신 '자신들의 판단' 을 주장하기 시작한 것이었다. '나무 열매' 를 하나 따먹은 것이 뭐 그리 대단한 일이냐고 생각할지도 모르겠다. 그러나 그것은 말할 수 없을 만큼 사악하고 불행스런 행위였다. 왜냐하면, 그것은 인간 자신이 '하나님' 이 되겠다는 선언이었으며, 하나님과 인간 사이에 건널 수 없는 장벽을 세우는 행위였기 때문이다.

아담과 하와 중 누가 먼저 죄를 지었는가? 당신의 답변에 대해 설명해보라.

5. 죄의 어떤 면이 부부관계를 포함한 모든 인간관계에 그토록 파괴적인 것인가?

6. 위 창세기 3장의 이야기 속에서, 아담과 하와간의 관계의 멀어짐이 어떻게 나타나고 있는가?

그리고 그러한 멀어짐이 부부관계에 대하여 무엇을 말해주고 있는가?

7. 어떻게 아담과 하와의 죄가 오늘날에까지 부부가 자신들의 부모를 떠나, 함께 연합하여, 둘이 한 몸을 이루는 일을 방해할 수 있는가?

▶ 부부 코너

죄가 당신 부부의 삶에 끼친 영향력은 무엇인가?

▶ 보너스

야고보서 1:19-25을 읽어보라.

"내 사랑하는 형제들아 너희가 알지니 사람마다 듣기는 속히 하고 말하기는 더디 하며 성내기도 더디 하라 사람이 성내는 것이 하나님의 의를 이루지 못함이라 그러므로 모든 더러운 것과 넘치는 악을 내버리고 너희 영혼을 능히 구원할 바 마음에 심어진 말씀을 온유함으로 받으라 너희는 말씀을 행하는 자가 되고 듣기만 하여 자신을 속이는 자가 되지 말라 누구든지 말씀을 듣고 행하지 아니하면 그는 거울로 자기의 생긴 얼굴을 보는 사람과 같아서 제 자신을 보고 가서 그 모습이 어떠했는지를 곧 잊어버리거니와 자유롭게 하는 온전한 율법을 들여다보고 있는 자는 듣고 잊어버리는 자가 아니요 실천하는 자니 이 사람은 그 행하는 일에 복을 받으리라." (약 1:19-25)

어떤 의미에서 '하나님의 법' 은 '거울' 과 같은가? 그리고 그 '거울' 에 비친 우리의 모습은 우리가 어떻게 살 것을 요구하는가?

본격 탐구 노트

Study 1.하나님께서 짝지어주신 것을... <창3:1-7>

목적: 부부관계에 미치는 죄의 뿌리 깊은 영향력을 이해하고자 함.

질문 1. 확신하건대, 뱀도 에덴동산 안의 모든 열매가 아니라 오직 선악을 알게 하는 나무의 열매만을 먹지 말라 하는 것이 하나님의 명령이었다는 사실을 알고 있었을 것이다. 그러나 뱀은 '간교(shrewd)' 하였다. 그리고 그의 '간교함' 은 하와로 하여금 그녀가 선악을 알게 하는 나무의 실과를 먹어서는 안 되는 이유에 대해 회의를 품도록 그녀를 자신과의 대화 속으로 유도하고 있다.

질문 2. 하와는 뱀이 던지고 있는 질문의 오류를 '올바르게' 교정해주고 있는 동안에(창 3:2), 하나님의 명령에 자신의 말을 덧붙이는 '잘못' 을 범하고 있었다(창 3:3). 하와는 하나님께서 선악을 알게 하는 나무를 '만지지도 말라' 고 하셨다고 말했던 것이다. 그리고 이것은 성경에 나오는 최초의 '율법주의' 의 예가 된다.

'율법주의' 의 한 특징은 '하나님의 명령' 에 자꾸 '다른 것들' 을 덧붙이는 것이며, 인간이 만든 법들을 마치 '하나님의 법' 인양 고집하는 것이다. '율법주의' 가 안고 있는 문제는 다음과 같다. '율법주의' 에 의해 생겨난 '인간의 법' 은 그것을 위반했을 경우에도 하나님께로부터 오는 징벌을 받지 않는다. 그리고 이것은 마침내 정말로 지켜야 할 '하나님의 법' 까지도 두려움 없이 어길 수 있는 자리로 우리를 이끈다. 당신의 부부관계에서 '율법주의' 라고 불릴만한 행위들에는 어떤 것들이 있는가? '남편' 과 '아내' 라는 입장에서 다음의 사항을 한번 생각해보라.

"당신 부부는 어떻게 가계 예산을 세우는가?" 또 "당신 부부는 무엇을 영적이고, 하나님을 경외하는 것이라고 규정짓고 있는가?" 하와는 뱀의 질문을 그저 무시해버렸어야만 했다. 아니면, 뱀을 쫓아버리고 하나님만을 계속해서 좇았어야 했다. 그녀는 뱀에게 대답해야 할 필요 자체가 없었다.

질문 3. 뱀은 대담하게도 하나님의 말씀이 사실이 아니라고 속삭였다. 뱀은 하나님께서 경고하신 죄에 대하여서 징벌하시지 않을 뿐만 아니라(창 3:4), 사실 아담과 하와에게로부터 어떤 '좋은 것' 을 숨기고 계신 것이라는 거짓말을 하였다(창 3:5). 그리고 여기서 어떤 '좋은 것' 이란 물론 '선악을 아는 지식' 을 가리킨다.

질문 4. 아담과 하와는 왜 동산 중앙의 나무 실과를 먹는 것이 잘못된 일인지 그 이유를 전혀 알지 못했다. 이유가 있다면, 그것은 단지 하나님의 명령이였기 때문이다. 그들은 그 열매를 따먹는 일이 왜 악한 것인지 이유를 알 수 없었다 하더라도, 하나님의 말씀에 순종해야만 했었다.

'죄' 의 핵심적인 특성은 '나 자신' 을 우주의 중심에 두는 것이며, 내가 하나님보다 선과 악을 더 잘 구별하고 판단할 수 있다고 생각하는 것이다. '죄' 란 인간이 하나님을 무시하고 '자주권' 을 행사하는 것이며, 하나님으로부터의 '독립' 을 주장하는 것이다. 그래서 '죄' 는 '교만' 이고 '오만방자함' 이다. 그리고 금단의 열매를 먼저 따먹은 것은 하와였지만, 아담 역시 동일하게 책임이 있으며 하와와 동시에 죄를 지은 것이었다. "여자가 그 실과를 따먹고, 자기와 함께한(who was with her) 남편에게도 주매, 그도 먹은지라." 라는 구절만 보아도 그 사실은 명명백백하다. 하와가 뱀과 이야기를 나누고 있는 내내, 아담도 하와 옆에서 듣고 있었던 것이다. 하지만 아담은 하와를 다른 곳으로 이끌어 가거나 뱀을 쫓아버리지 않았다. 그는 그저 조용히 듣고 있었다. 그리고 하와가 '선악과' 를 건네줄 때에도 아무런 반대나 질문도 없이 그것을 받아먹었다. 아담과 하와가 '동시에' 범죄한 것이다.

질문 5. '죄' 가 '자아의 자치권 행사' 이고, '교만' 이며 '오만' 이라고 했을 때, 바로 그러한 면이 서로가 서로를 '존경' 과 '순종' 으로 대하여야만 할 부부관계와 그 밖의 다른 모든 인간관계에 독소와 같은 작용을 한다. 만약 남편이 자기가 아내보다 더 중요한 존재라고 생각하고 있다면, 아내는 그 남편으로부터 마음이 멀어질 것이다. 물론 그 반대의 경우도 마찬가지이다. 창세기 3장 전체는 죄의 즉각적인 결과가 '하나님과 인간 사이의 평화의 파괴' 이며, '부부사이의 친밀함의 단절' 이라는 사실을 명확히 보여주고 있다.

질문 6. 창세기 3:7은 아담과 하와가 부끄러움을 느끼고 자신들의 알몸을 서로로부터 숨겨야만 했다고 기록하고 있다. 이것은 인간에게 새로 생기게 된 상처입기 쉬운 연약성의 단면을 보여주는 것이다. 그들은 서로에게 자신들의 수치를 보이기를 두려워하게 되었다. 이것은 또한 부부로서의 그들의 연합관계가 어떻게 서로로부터 개인의 안전을 추구해야만 하는 남과 같은 관계로 전락하게 되었는지를 생생하게 보여주는 것이기도 하다. '죄' 는 모든 인간관계를 파괴한다. 특히 가장 깊고도 강한 친밀함이 요구되는 부부관계에 더욱 치명적이다. 창세기 3장의 이야기는 왜 결혼한 사람들이 자신들의 배우자와 아주 친밀한 관계를 맺고 있을 때조차도 외로움을 느낄 수 있는지에 대한 이유를 이해하는 데에 도움을 준다.

질문 7. 죄는 남편과 아내의 연합 관계를 완전히 찢어놓는다. 성경은 아담과 하와의 범죄행위가 단순히 과거의 사건으로 끝나버린 것이 아니라 오늘날의 우리에게까지 영향력을 미치고 있다는 사실을 분명하게 증언해주고 있다. 지금까지 신학자들은 아담과 하와의 죄와 우리의 죄 사이의 정확한 연관성을 그들 나름대로 각자 묘사해왔다. 하지만 로마서 5:12만큼 그 관계성을 일목요연하게 정리해놓은 신학자는 없었다. 로마서는 이렇게 가르쳐준다. "아담이 범죄함으로 죄가 온 인류에게 들어왔다. 아담의 죄는 죽음을 가져왔다. 그리고 죽음은 모든 사람에게 이르렀다. 왜냐하면 아담의 범죄로 곧 모든 사람이 범죄한 꼴이 되었기 때문이다."

보너스 질문. 유리로 된 실제 거울이 우리의 겉모습을 비춰주듯이, 하나님의 법은 우리의 영혼을 비춰주는 '거울' 이다. '하나님의 법' 이란 우리의 삶을 향하신 하나님의 뜻의 표출이다. 그리고 그 뜻은 가장 기본적으로 '십계명' 에 잘 표현이 되어있으며(출 20, 신 5), 예수님의 '산상수훈' 에 더욱 상세하고 심도 깊게 드러나 있다(마 5-7).

그러나 야고보 사도는 한걸음 더 나아가, 우리의 의무는 그 하나님의 법을 단순히 귀로 듣는 것이 아니라, 몸으로 순종하여야 하는 것임을 상기시켜 주고 있다. 우리는 우리 자신과 하나님과의 관계가 지금 어떤 상태에 있는지를 확인하기 위해, 하나님의 법이라고 하는 '거울' 앞에 서야만 한다. 그리고 정직한 사람은 자신이 얼마나 하나님의 온전하신 뜻에 미치지 못하고 있는 존재인지 그리고 자신이 본질상 얼마나 흉악한 '죄인' 인지를 보게 될 것이다.

2

죄가 갈라놓다

SIN SEPARATES

"마치 병 같아요. 제가 그런 식으로 행동하면 남편이 싫어할 거란 걸 뻔히 알면서도, 제 자신을 어떻게 할 수가 없어요."

"아내는 우리의 관계를 위해 더 노력하겠다고 항상 말하지만, 잔뜩 기대하고 있는 저를 언제나 실망만 시켜요."

"도대체 언제나 끝이 날지 모르겠어요. 정말 아내와 싸우고 싶지 않은데, 가끔씩 화가 머리 끝까지 치밀어 오를 때면 이성을 잃고 말아요."

▶ 여는 말

자신이 통제가 안 되는 경험을 해본 적이 있는가? 무엇이 옳은지도 알고, 옳은 대로 행동하기를 원하기도 한다. 그러나 결국 당신 자신이나 당신의 배우자나 혹은 또 다른 사람들에게 상처를 주는 것으로 끝이 나고 마는 그런 경험 말이다. 어떻게 하면 우리의 이 부정적인 행동 성향들을 억제할 수 있을까?

▶ 본격 탐구

로마서에서 사도 바울은 자기 자신의 '내적 갈등'에 대하여 고백한다. 그가 그렇게 하는 이유는 자신의 이야기가 곧 모든 사람들의 이야기임을 알고 있기 때문이다. 우리는 모두 죄인이며, 죄의 습성은 쉽사리 깨어지지가 않는다. 로마서 7장을 통하여, 우리는 우리 자신들에 대하여 어떤 통찰력을 얻을 수가 있게 되는가?

성경 읽기 〈롬 7:7-25, 표준새번역〉

7 그러면 우리가 무엇이라고 말을 할 것입니까? 율법이 죄입니까? 그럴 수 없습니다. 그러나
율법에 비추어 보지 않고서는, 나는 죄가 무엇인지 알지 못하였을 것입니다. 율법에 "탐 내
지 말아라" 하지 않았으면, 나는 탐심이 무엇인지를 알지 못하였을 것입니다.

8 그러나 죄는 이 계명을 통하여 틈을 타서, 내 속에서 온갖 탐욕을 일으켰습니다. 율법이 없
으면 죄는 죽은 것입니다.

9 전에는 율법이 없어서 내가 살아 있었는데, 계명이 들어오니까 죄는 살아나고,

10 나는 죽었습니다. 그래서 나를 생명으로 인도해야 할 그 계명이 도리어 나를 죽음으로 인도
하는 것으로 드러났습니다.

11 죄가 그 계명을 통하여 틈을 타서 나를 속이고, 또 그 계명으로 나를 죽였습니다.

12 그러므로 율법은 거룩하며, 계명도 거룩하고 의롭고 선한 것입니다.

13 그러니 선한 것이 나에게 죽음을 가져 왔습니까? 그렇지 않습니다. 그러나 죄가 죄로 드러
나게 하려고, 죄가, 선한 것을 방편으로 하여 죽음을 나에게 가져 왔습니다. 그것은 죄가, 계
명을 방편으로 하여 더욱더 죄 되게 하려고 한 것입니다.

14 우리는 율법이 신령한 것인 줄 압니다. 그러나 나는 육정에 매인 존재로서, 죄 아래에 팔린
몸입니다.

15 나는 내가 하는 일을 도무지 알 수가 없습니다. 내가 해야겠다고 생각하는 일은 하지 않고,
도리어 해서는 안 되겠다고 생각하는 일을 하고 있으니 말입니다.

16 그런 일을 하면서도 그것을 해서는 안 되겠다고 생각하는 것은, 곧 율법이 선하다는 사실에
동의하는 것입니다.

17 그렇다면, 그와 같은 일을 하는 것은 내가 아니라, 내 속에 자리를 잡고 있는 죄입니다.

18 나는 내 속에, 곧 내 육신 속에 선한 것이 깃들어 있지 않다는 것을 압니다. 선을 행하려는
의지는 나에게 있으나, 그것을 실행하지 않으니 말입니다.

19 나는 내가 원하는 선한 일은 하지 않고, 도리어 원하지 않는 악한 일을 합니다.

20 내가 해서는 안 되는 것을 하면, 그것을 하는 것은 내가 아니라, 내 속에 자리를 잡고 있는
죄입니다.

21 여기에서 나는 법칙 하나를 발견하였습니다. 곧 나는 선을 행하려고 하는데, 그러한 나에게

악이 붙어 있다는 것입니다.
22 나는 속사람으로는 하나님의 법을 즐거워하나,
23 내 지체 속에는 다른 법이 있어서 내 마음의 법과 맞서서 싸우고, 내 지체 속에 있는 죄의 법
에다 나를 사로잡는 것을 봅니다.
24 아, 나는 비참한 사람입니다. 누가 이 죽음의 몸에서 나를 건져 주겠습니까?
25 우리 주 예수 그리스도를 통하여 나를 건져 주신 하나님께 감사를 드립니다. 그런데 내가
마음으로는 하나님의 법에 복종하고, 육신으로는 죄의 법에 복종하고 있습니다.

사도 바울의 '자가당착'?

로마서 6장과 7장에서 각각 사도 바울은 상호 모순된 주장을 하고 있는 것처럼 보인다. 로마서 6:14에서, 그는 로마에 있는 성도들에게 이렇게 말하고 있다. "죄가 너희를 주장하지 못하리니 이는 너희가 법 아래에 있지 아니하고 은혜 아래에 있음이라." 그러나 로마서 7:25에서는, 다시 "내 자신이…… 육신으로는 죄의 법을 섬기노라." 라고 말을 한다.

어떤 이들은 자기모순처럼 보이는 이 난제를 해결하기 위해, 로마서 7:14-25은 바울이 자신이 그리스도인 되기 이전의 상태를 묘사한 것이라는 주장을 펴기도 한다. 하지만 이 난제에 대한 더 나은 해답은 다음의 사실을 인식하는 것이다. 그리스도인이 된다는 것은 '죄된 본성'이 우리의 마음으로부터 완전히 제거되는 것을 의미한다기보다는 그 '죄된 본성' 을 이길 권세를 부여받는 것이라는 사실이다. 그리고 로마서 7:25 앞부분에서 말씀하고 있듯이, "우리 주 예수 그리스도" 안에 그 권세의 비밀이 들어있다.

1. 위 성경 본문에서 사도 바울이 말하고 있는 '하나님의 법' 이란 무엇인가?

2. 위 본문 바로 앞 구절에서(롬 7:6) 바울 사도는 "우리는 율법에서 벗어났다."라고 말하고 있다. 이 말은 그리스도인들은 더 이상 율법에 대하여는 신경 쓸 필요가 없다는 뜻인가? 설명해보라.

3. 어떻게 율법은 바울 사도에게 자신이 죄인이라는 사실을 보여주고 있는가?(7:7)

그 율법은 오늘날에도 동일한 역할을 하고 있는가? 설명해보라.

4. 지금 사도 바울은 율법이 자신을 죄짓도록 만들었다고 주장하고 있는 것인가? 설명해 보라.

5. 죄에 대한 형벌은 무엇인가?

6. 사도 바울 속에 죄가 만들어낸 '내적 갈등' 이란 무엇이었는가?

그리고 그 '내적 갈등' 은 당신의 경험과 어떻게 일치하는가?

7. 이 '내적 갈등' 이 부부관계에 미칠 수 있는 영향들은 어떤 유의 것들인가?

부부의 '샬롬' 을 파괴하는 죄

코넬리어스 플랜팅어(칼빈 신학교 총장)는 자신의 책 "잘못된 길(Not the Way It's Supposed to Be)" 에서 죄를 '샬롬(shalom)' 을 산산이 깨트리는 주범으로 다루고 있다. '평화' 를 뜻하는 히브리어 단어 '샬롬(shalom)' 은 '완전함(wholeness)' 을 의미한다. 타락 이전에 아담과 하와가 하나님과 맺고 있었던 관계는 바로 '샬롬' 으로 특징지어질 수 있었다. 그러나 타락과 함께 '샬롬' 즉 그 '완전함' 은 완전히 깨어지고 말았다. 그리고 죄는 부부의 '샬롬' 또한 파괴한다. 배우자가 죄를 짓게 되면, 부부관계는 큰 상처를 입게 된다.

8. 예수님만이 우리의 '죄 문제' 에 '소망의 빛' 이 되신다. 작은 것이라도, 예수님께서 당신이 죄의 유혹을 이기도록 도와주셨던 경험에 대하여 이야기해보라.

▶ 부부 코너

당신 부부는 서로에게 죄를 이기는 일에 있어서 어떻게 진보를 이루어왔고 또 지금 이루고 있는 지에 대하여 어떤 격려를 해 줄 수 있는가?

만약 이번 공부를 통해 당신의 남편이나 아내에게 고백할 죄가 생각났다면, 시간을 내어 고백하도록 하라. 그리고 서로를 위해 기도해주라.

▶ 보너스

로마서 3:10-20을 읽어보라. 죄의 결과나 죄로 인한 곤경으로부터 벗어날 수 있는 사람이 있는가?

"성경에 이렇게 기록되어 있습니다. "의인은 없다. 한 사람도 없다. 깨닫는 사람도 없고, 하나님을 찾는 사람도 없다. 모두가 곁길로 빠져서, 쓸모가 없게 되었다. 선한 일을 하는 사람은 없다. 한 사람도 없다." "그들의 목구멍은 열린 무덤이다. 혀는 사람을 속인다." "입술에는 독사의 독이 있다." "입에는 저주와 독설이 가득 찼다." "발은 피를 흘리는 일에 빠르며, 그들이

가는 길에는 파멸과 비참이 있다. 그들은 평화의 길을 알지 못한다." "그들의 눈에는 하나님을 두려워하는 빛이 없다." 우리는, 율법에 있는 모든 말씀이 율법 아래 사는 사람에게 말한 것임을 압니다. 그것은 모든 입을 막고, 온 세상을 하나님 앞에서 유죄로 드러내려는 것입니다. 그러므로 율법을 지킴으로써 하나님 앞에서 의롭다고 인정받을 사람은 아무도 없습니다. 율법으로는 죄를 인식할 뿐입니다." (롬 3:10-20, 표준새번역)

다음의 부부 이야기들을 읽어보라. 어떻게 죄가 이들의 관계들을 망쳐놓았는가?

- 아담과 하와 (창세기 3장)
- 삼손과 들릴라 (사사기 16:4-22)
- 다윗과 미갈 (사무엘하 6장)
- 아하수에로 왕과 와스디 왕비 (에스더 1장)

본격 탐구 노트

Study 2. 죄가 갈라놓다 <롬 7:7-25>

목적: 우리의 죄적 성향을 인정하고 고백하기 위함.

질문 1. 바울 사도가 말하고 있는 '하나님의 법' 이란 구약의 '율법' 을 의미한다. 그리고 그 법은 '십계명' 에 가장 명확하게 기록이 되어 있으며(출 20, 신 5), 좀 더 상세한 '판례법' 들을 통하여(출 21:1-23:19) 구속사적인 역사를 지닌 이스라엘 백성들의 사회적인 상황에 구체적으로 적용이 되어졌다. '율법' 은 하나님의 백성들의 사고방식과 행위에 있어서 하나님의 뜻이 무엇인지를 알려주고 있다. '율법' 은 하나님의 백성들이 어떻게 하나님의 영광과 자신들의 복을 위하여 행동해야 할 것인지를 가르쳐주고 있다.

질문 2. 그의 주장을 이해하기 위해서는 주의가 필요하다. 사도 바울은 분명히 말한다. 우리가 은혜 안에서 얻은 자유가, 우리가 율법을 어기며 자유롭게 죄를 지어도 좋다는 것을 의미하는 것이 결코 아니라는 사실을(롬 6:15). 그는 또한 율법의 역할은 죄의 정체를 드러내 보여주는 것이라고 밝힌다(롬 7:7-13). 우리가 예수 그리스도의 은혜로 자유를 얻은 것은 죄에 대한 '율법의 정죄' 로부터이다. 우리는 더 이상 '죄의 노예' 가 아니다. 이제 우리는 처음으로 선을 행할 수 있는 능력과 기회를 얻게 된 것이다. 물론 여전히 죄를 짓기도 하지만 말이다(롬 7:14-25).

십계명은 제1계명에서 제4계명까지, 인간이 하나님을 향하여 어떻게 행동하며 살아야 하는지에 대한 하나님의 뜻을 가르쳐준다. 그리고 제5계명에서 제10계명까지는 인간의 서로를 향한 하나님의 뜻을 전해주고 있다. 신약 성경 역시 우리의 그러한 행동을 하나님께서 원하시고 계신다는 사실을 확실하게 증거해주고 있다. 우리는 하나님만 경배하고, 그분만을 경외해야 한다. 우리는 도적질을 해서도 안 되고, 간음을 해서도 안 되며, 살인을 하거나, 거짓말을 해서도 안 된다. 아니 오히려 한 걸음 더 나아가야만 한다. 한층 더 심화된 예수님의 산상수훈의 말씀처럼 말이다(특히, 마 5:17-48). '율법의 정죄' 에서 벗어난 그리스도인들은 '도적질' 이나 '간음' 을 해서는 안 될 뿐만 아니라 '탐심' 이나 '음욕' 자체를 품어서도 안 되는 사람들이다(마 5:27-30). 우리는 '살인' 을 해서는 안 될 뿐만 아니라 '미움' 자체를 품어서도 안 되는 사람들이다(마 5:21-26).

질문 3. 율법은 하나님께 반역하는 생각들과 행위들을 지명함으로써 바울 자신이 죄인임을 보여준다. 만약 율법이 없었다면, 그는 자신의 죄악된 행위들을 괜찮은 것으로 합리화하였을 것이다. 그러나 율법이 그를 고소하고 나선다. 십계명은 오늘날에도 여전히 우리의 행동이 어디에서 잘못되고 있는지를 분명하게 보여준다. "탐내지 말라"는 열 번째 계명은 우리가 '살인' 이나 '도적질' 같은 명백한 죄를 짓지 않았다고 해서 결코, 정죄당함을 면할 수는 없음을 알려준다. 왜냐하면, 누군가의 소유를 '탐내기만' 하였어도, 우리는 율법을 어긴 것이기 때문이다. 또한 더 나아가, 우리가 언제 어디서고 '하나님' 보다 '그 누구' 나 '그 무엇' 을 더 중요하게 여긴 적이 있었다면, 우리는 "나 외에 다른 신을 네게 두지 말라." 하는 제1계명을 어긴 것이기 때문이다.

질문 4. 사도 바울은 율법이 자신으로 하여금 죄를 짓도록 만든 것이 아니라고 명백하게 밝히고 있다. 율법은 그로 하여금 죄책감을 느끼도록 만들었던 것이다. 바울은 율법이 하나님께서 원하시는 바가 무엇인지를 말해주기 전까지는 아무런 죄책감도 느낄 수 없었다. 그리고 이런 사실은 우리의 죄가 얼마나 우리 자신들 속 깊숙이 들어와 우리와 한 몸이 되어 있는지를 보여준다. 우리는 하나님의 법의 지적을 당하기 전까지는 우리의 죄악된 행동이 죄악된 행동인지조차 깨닫지 못할 정도이다.

질문 5. '죄' 의 결과는 '사망' 이다(롬 6:23). '죄' 는 가장 심각한 문제이다. 혹 이 세상에서 그 삯을 받지 않는다면, 다음 세상이 기다리고 있다.

질문 6. 사도 바울은 죄 때문에 갈등하고 있었다. 그리고 그런 '내적 갈등' 은 '내적 분열' 을 야기시켰다. 자신은 죄가 없다고 말하는 사람들은 자기를 속이는 자들이다(요일 1:8-10). 따라서 모든 그리스도인들도 죄에 대하여 바울 사도와 동일한 '내적 갈등' 에 직면하고 있다.

질문 7. 죄는 부부관계에 수많은 악영향들을 끼칠 수 있다. 그 중 가장 대표적인 것은 '단절' 이다. 죄는 부부사이에 있어서 필수적인 '친밀함' 에 장벽을 세운다. 또한 죄는 사람을 '비참하게' 만든다(롬 7:24). 그리고 그런 사실은 다시 한번 부부사이에 어려움을 가져온다.

질문 8. 반원들의 경험을 들어보도록 하라.

보너스 질문. 로마서 3:10-20에서 사도 바울은 죄의 파괴력으로부터 벗어날 수 있는 사람은 단 한 명도 없음을 장황하게 증명하고 있다. 그 일을 위해 그는 여러 구약의 성경 구절들을 인용하고 있기도 하다(시 14:1-3, 53:1-3, 5:9, 140:3, 10:7, 사 59:7-8, 시 36:1). 사도 바울의 결론은 이것이다. 그 누구도 율법을 완벽하게 지켜내는 행위를 통해서 하나님과의 화평을 이룰 육체는 하나도 없다는 것이다(롬 3:20).

- **아담과 하와 (창세기 3장)** : 이들 부부가 어떻게 자신들의 잘못을 서로에게 전가하고, 그 결과 서로의 관계를 어떻게 소원하게 만들었는지를 주목하여보라.
- **삼손과 들릴라 (사사기 16:4-22)** : 이 두 사람은 철저하게 자기중심적이었던 인물들이다. 그들은 서로의 목적을 위해 상대방을 이용하였다. 그리고 그 결과, 삼손의 육체와 정신 그리고 영혼은 엄청난 학대를 경험해야만 했다.
- **다윗과 미갈 (사무엘하 6장)** : 미갈은 다윗에게 수치심을 안겨줌으로써 부부의 관계에 손상을 가져왔다. 수치감은 부부로 하여금 서로로부터 도망치도록 만든다.
- **아하수에로 왕과 와스디 왕비 (에스더 1장)** : 아하수에로 왕은 아내 와스디 왕비를 자신의 정치적인 목적을 위해 이용하려 하였다. 그리고 그녀가 자신의 의도대로 순순히 따라주지 않자, 곧 그녀를 쫓아냈다.

3

실패를 마주 대하라

COMEING TO GRIPS WITH ONE'S FAILURES

"저도 제가 완벽한 남편이 아니란 걸 알아요. 하지만 아내에 비하면 저는 성자에요. 부부관계를 엉망으로 더 많이 만드는 건 아내인데, 왜 나만 잘못했다고 해야 하는 거냐고요?"

"당신은 당신이 잘못했다는 생각은 절대로 안하지요. 모든 부부싸움의 원인은 언제나 저지요. 당신은 당신 자신이 완벽한 사람이라고 생각하니까요."

"저도 실수를 많이 해요. 하지만 실수 안하는 사람이 어디 있나요? 만약 남편이 완벽한 여자를 원한다면, 아마 평생을 기다려야할 거에요. 가끔씩 기분 좀 상하게 한 것이 뭐 대수라고 그렇게 유난을 떠는지 모르겠어요."

"사랑은 절대로 미안하다고 말하지 않는 거야."

▶ 여는 말

"러브스토리(Love Story)"를 기억하는가? 그것은 1970년대에 가장 히트를 쳤던 영화들 중의 하나였다. 많은 독자들이 "사랑은 결코 미안하다고 말하지 않는 거에요."라는 그 영화 속의 명대사를 떠올릴 것이다. 하지만 그 대사는 특히 부부관계에 있어서는 심각하게 틀린 말이며, 해로운 말이다. 그러한 태도는 죄의 위력을 제대로 알지 못하고 있는 것이다. 성경은 그러한 자세에 정면으로 반대하고 나선다. "사랑은 미안하다고 말하는 것이다." 그렇다면, 왜 "러브스토리" 식의 태도가 부부관계에 위험한 것인가?

▶ 본격 탐구

만약 죄라는 것이, 우리가 지금까지 탐구해온 성경이 지적해주고 있는 것처럼 그토록 뿌리 깊은 것이라면, 우리는 부부로서 살아가는 내내 서로를 실망시킬 수 밖에는 없는 존재들이다. 결혼이란 '두 죄인' 들 간의 결합이다. 따라서 그 연합에는 문제들이 더욱 증가하기 마련이다. 그렇다면, 해결책은 없는 것인가? 먼저 자신의 죄를 지독할 정도로 심각하게 아파하고 있는 다윗의 한 시편을 살펴보도록 하자.

성경 읽기 〈시편 51편〉: 다윗의 시. 지휘자를 따라 부르는 노래.
다윗이 밧세바와 동침한 후, 선지자 나단이 그에게 왔을 때.

1 하나님이여 주의 인자를 따라 내게 은혜를 베푸시며 주의 많은 긍휼을 따라 내 죄악을 지워 주소서
2 나의 죄악을 말갛게 씻으시며 나의 죄를 깨끗이 제하소서
3 무릇 나는 내 죄과를 아오니 내 죄가 항상 내 앞에 있나이다
4 내가 주께만 범죄하여 주의 목전에 악을 행하였사오니 주께서 말씀하실 때에 의로우시다 하고 주께서 심판하실 때에 순전하시다 하리이다
5 내가 죄악 중에서 출생하였음이여 어머니가 죄 중에서 나를 잉태하였나이다
6 보소서 주께서는 중심이 진실함을 원하시오니 내게 지혜를 은밀히 가르치시리이다
7 우슬초로 나를 정결하게 하소서 내가 정하리이다 나의 죄를 씻어 주소서 내가 눈보다 희리이다
8 내게 즐겁고 기쁜 소리를 들려 주시사 주께서 꺾으신 뼈들도 즐거워하게 하소서
9 주의 얼굴을 내 죄에서 돌이키시고 내 모든 죄악을 지워 주소서
10 하나님이여 내 속에 정한 마음을 창조하시고 내 안에 정직한 영을 새롭게 하소서
11 나를 주 앞에서 쫓아내지 마시며 주의 성령을 내게서 거두지 마소서
12 주의 구원의 즐거움을 내게 회복시켜 주시고 자원하는 심령을 주사 나를 붙드소서
13 그리하면 내가 범죄자에게 주의 도를 가르치리니 죄인들이 주께 돌아오리이다
14 하나님이여! 나의 구원의 하나님이여 피 흘린 죄에서 나를 건지소서 내 혀가 주의 의를 높이 노래하리이다
15 주여 내 입술을 열어 주소서 내 입이 주를 찬송하여 전파하리이다

16 주께서는 제사를 기뻐하지 아니하시나니 그렇지 아니하면 내가 드렸을 것이라 주는 번제를
기뻐하지 아니하시나이다
17 하나님께서 구하시는 제사는 상한 심령이라 하나님이여 상하고 통회하는 마음을 주께서 멸
시하지 아니하시리이다
18 주의 은택으로 시온에 선을 행하시고 예루살렘 성을 쌓으소서
19 그 때에 주께서 의로운 제사와 번제와 온전한 번제를 기뻐하시리니 그 때에 그들이 수소를
주의 제단에 드리리이다

1. 다윗은 자신의 죄에 대하여 어떤 태도를 취하고 있는가?

당신은 다윗의 그러한 태도가 너무 지나치다고 생각하는가? 아니면, 시편 51편과 같은 고백을 할 수밖에 없도록 만든 죄의 무게를 반영하는 것이라고 생각하는가?

제목: "다윗이 밧세바와 동침한 후"

시편 51편의 제목을 주목하여보라. 이 시편은 사무엘하 11장과 12장에 기록되어있는 사건을 배경으로 하고 있는 다윗의 시이다. 앞 교재들에서도 여러 차례 살펴보았듯이, 전쟁에 출전했어야 할 다윗이 왕궁에 한가로이 머물고 있는 동안, 자신의 장군인 우리아의 아내 밧세바를 범하게 된다. 결국 자신의 간음죄를 은폐하기 위하여, 다윗은 밧세바의 남편이자 자신의 충신인 우리아를 죽음의 자리로 몰아넣는 살인죄까지 저지르고 만다. 그리고 모든 것이 자신의 계획대로 다 끝났다고 생각하고 있을 그때에, 하나님께서는 다윗에게 당신의 선지자 나단을 급파하신다. 이에 다윗은 하나님 앞에 철저히 자신의 죄를 인정하고 고백한다. 그 참회의 시가 바로 시편 51편이다.

2. 다윗이 말한 “내가 죄악 중에 출생하였음이여.” 라는 고백의 의미가 무엇인가?(5절)

3. 만약 남편이나 아내가 혹은 부부 모두가 자신들이 ‘죄인’ 임을 알지 못한다면, 다시 말해, 자신들의 죄를 심각하게 생각하지 않는다면, 어떤 일이 발생하는가?

4. 사람들은 관계 속에서 범하는 잘못들과 죄들을 어떻게 대하는가?

“난 그 정도로 나쁜 죄인은 아니에요”

시편 51편을 그 제목 “다윗이 밧세바와 동침한 후”의 관점으로만 읽고, 우리 자신의 삶과는 별 상관없는 것으로 치부하고자 하는 것이 우리가 빠지기 쉬운 함정이다. 왜냐하면, 우리는 최소한 다윗처럼 ‘살인죄’ 나 ‘간음죄’ 는 짓지 않았기 때문이다. 그래서 많은 사람들이 자신은 그런 범죄와는 무관하다고 말하면서, 시편 51편을 그저 남의 이야기로만 듣는 경향이 있다. 그러나 예수님의 산상수훈은 우리의 그러한 잘못된 생각에 일침을 가하신다. 예수님은 분명히 말씀하신다. ‘화를 내는 행위’ 는 ‘살인’ 과 동일한 심판의 대상이며, ‘음욕을 품는 일’ 또한 ‘간음’ 과 동일한 심판에 해당되는 죄라고 말이다(마 5:21-30). 그리고 이 말씀만으로도 충분치 못하다는 듯이, 성경은 야고보 사도를 통해 이렇게 덧붙여주고 있다. “누구든지 온 율법을 지키다가 그 하나를 범하면, 모두 범한 자가 되나니.”(약 2:10) 따라서 우리는 시편 51편을 이러한 성경의 가르침에 근거하여 읽을 이유가 있으며, 그 내용을 바로 우리 자신의 것으로 받아들여야만 한다.

반면, 그런 것들에 대한 다윗의 반응은 어떠했는가?

5. 무슨 근거로 다윗은 자신의 죄에도 불구하고 하나님의 자비를 구했는가?

우리도 동일한 하나님의 자비를 의지할 수 있는가?

6. 다윗의 "내가 주께만 범죄하여" 라는 고백의 의미는 무엇인가?(4절) 그럼 우리아나 밧세바에게는 죄를 범하지 않았다는 뜻인가?

'영혼의 거울' 로서 시편 대하기

시편 51편은 '다윗과 밧세바 이야기' 를 그 역사적인 배경으로 두고 있다. 그러나 시편 51편 속에는 그 이야기의 구체적인 내용들이 묘사되어있지 않다. 시편들은 특정한 사람들의 실제적인 경험들로부터 나온 노래들이다. 하지만 시편들의 그러한 포괄적인 기록 방식 덕분에 우리는 그 말씀들을 우리 자신의 상황에 해당되는 말씀으로 적용하는 일이 가능해진다. 따라서 시편 51편을 읽을 때에도, 우리는 시편 기자의 자리에 우리 자신을 대치하여 읽어야 한다. 시편의 "나" 는 곧 그 시편을 읽고 있는 사람 자신인 것이다.

7. 생각으로 그리고 말로써 우리의 죄를 인정하는 것만으로는 충분하지 못한 것인가?

참된 회개에는 어떤 요소들이 포함되는가?

▶ 부부 코너

당신은 기도할 때, 당신의 죄를 고백하는가? 특히 배우자에 행한 잘못들을 회개하는가?

시편 51편을 모델 삼아서 부부가 함께 기도해보라.

▶ 보너스

창세기 39장을 읽어보라. 요셉이 보디발 장군 아내의 유혹을 뿌리칠 수 있었던 이유가 무엇인가?

그리고 그 이유는 죄로 인한 누구와의 관계적인 손상에 대해 초점을 맞추고 있는가?

본격 탐구 노트

Study 3. 실패를 마주 대하라 <시편 51>

목적: 진정한 회개의 모습을 배우기 위함.

질문 1. 다윗은 자신의 죄를 아파하며 부끄러워하고 있다(3절). 죄는 다윗의 마음에 죄책감을 남겼다(9절). 그의 후회는 결코 지나친 것이 아니었다. 죄는 하나님과 그리고 다른 사람과의 관계를 근본적으로 깨트리는 것이기 때문이다. 다윗의 숨겨진 죄는 끔찍한 것이었다. 그는 "피를 흘렸다"(14절). 그러나 다윗은 깨닫고 있었다. 정말 심각한 문제는 단순히 피를 흘린 행위 그 자체보다도 자신이 그러한 죄를 범하기 이전부터도 이미 사악한 '죄인' 이었다는 사실을 말이다.

질문 2. '죄' 란 '하나님 그분 자신' 과 우리의 삶을 향하신 '그분의 뜻' 을 거역하는 행위이다. 창세기 3장에 나오는 인간의 타락 사건은 단지 아담과 하와의 이야기만이 아닌 온 인류의 이야기이다. 우리 모두는 하나님을 거스르고자 하는 죄의 성향을 가진 채로 태어난다. 사도 바울은 아담의 죄가 우리 모두에게 영향을 미쳤으며, 우리 모두를 오염시킨 사실을 분명히 밝혀주고 있다(롬 5:12-21). 따라서 우리 자신을 포함한 모든 사람들이 '하나님 중심적인' 존재라기보다는 처음부터 '자기중심적인' 존재들로서 태어난다고 말하는 것은 절대로 틀린 말이 아니다.

질문 3. 성경은 우리를 '죄인' 이라고 말씀하는데, 정작 우리는 자신들이 '죄인' 이 아니라고 생각하고 있다면, 우리는 공상의 세계 속에서 살고 있는 것이다. 죄의 심각성을 인식하지 못하면, 우리는 하나님과 우리의 배우자를 향해 동일한 잘못을 끝없이 반복하게 되는 위험에 빠진다. 그리고 그렇게 되면, 부부간에 서로 분노와 적개심만이 쌓이게 될 것이다.

질문 4. 사람들이 죄를 대하는 반응들은 흔히 두 가지로 나타난다. 첫째는, 자기방어적인 태도이다. 사람들은 자신들의 행동에 대해 양심의 가책을 느끼게 되면, 어떤 식으로든 자신의 행위를 합리화하려고 한다. "그렇게 나쁜 짓은 아니야.", "뭐 나만 그러나?" "그 사람이 모르고만 있으면, 해는 되지 않을 거야."

둘째는, 죄책감 속에서 허우적거리는 것이다. "나는 정말 구제불능이야. 옳은 일은 하나도 할 수가 없잖아.", "나는 용서받을 자격도 없는 인간이야." 하는 식으로 말이다. 그러나 다윗은 자신의 죄와 그로 인한 죄책감과 수치스러움을 하나님께 가지고 나아갔다. 그는 하나님을 향하였고, 그분의 자비를 구했다.

질문 5. 아예 처음부터 다윗은 용서에 대한 자신의 소망이 '하나님께만' 그리고 '그분의 사랑에만' 달려 있음을 고백하고 있다(시 51:1). 1절에 '인자(unfailing love)' 라고 번역되어 있는 그 단어는 하나님의 백성들이 누리고 있는 하나님과의 '언약 관계' 와 아주 밀접하게 관련이 있는 말이다. 그리고 이러한 사실은 구약시대의 이스라엘 백성들에게만 해당되는 것이 아니라, 오늘날의 그리스도인들에게도 동일하게 적용된다. 왜냐하면, 예수 그리스도께서 그분의 백성된 교회와 새로운 언약을 맺으셨기 때문이다("저녁 먹은 후에 잔도 그와 같이 하여 이르시되 이 잔은 내 피로 세우는 새 언약이니 곧 너희를 위하여 붓는 것이라." 눅 22:20). 예수 그리스도의 피로 세우신 이 새 언약의 '인자(unfailing love)' 를 근거로 하여, 오늘날의 우리 역시 하나님의 용서하심을 소망하고 의지할 수 있게 된다.

질문 6. 지금 다윗의 초점은 하나님 그분과의 관계에 집중되어있다. "내가 주께만 범죄하여." 라는 말은 과장법처럼 들릴 정도로, 우리의 죄란 것이 근본적으로 그리고 가장 직접적으로 다름 아닌 하나님 그분 자신께 맞서는 것이라는 사실을 강조하고 있는 것이다. 그리고 이런 사실은 부부간에 흔히 하는 책임전가적인 발언들을 사전에 차단해준다. 예를 들면, 아내나 남편 때문에 그렇게 했다는 식의 "내가 바람을 피운 것은 아내가 나의 성적인 필요에 무관심했기 때문입니다."와 같은 핑계들이다. 이것은 받아들여질 수 없는 변명이다. 왜냐하면, 간음은 근본적으로 배우자 이전에 먼저 하나님께 죄를 짓는 행위이기 때문이다. 다른 사람이 우리에게 행한 그 어떤 잘못도 우리의 죄가 '하나님을 향한 거역이고 반역' 이라는 사실을 약화시켜주지는 못한다. 그리고 우리의 죄로 인해 가장 크게 상처를 입으시는 대상이 바로 하나님이시라는 사실은 용서를 구하기 위해 우리가 제 일차로 찾아가야 할 분이 누구신지를 가르쳐준다. 물론 우리가 용서를 또 빌어야 할 다음 상대는 우리가 죄를 지은 그 사람이겠지만 말이다.

질문 7. 이 질문에 대한 대답은 17절에 있다. 하나님께서는 '상한 심령' 즉, '상하고 통회하는 마음' 을 원하신다. '회개' 에 대해서는 다음 장에서 좀 더 살펴보겠지만, 시편 51:17은 죄의 고백에는 반드시 근본적인 마음의 변화가 있어야만 함을 지적해주고 있다. 참된 회개는 자아가 깨어지는 것이며, 마음과 행동의 바뀜이 뒤따라야만 하는 것이다.

보너스 질문. 보디발의 아내는 요셉을 자신의 침실로 유혹했다. 하지만 요셉은 다음과 같은 말로 그녀의 유혹을 뿌리친다. "주인께서는, 가지신 모든 것을 나에게 맡기셨으므로, 이 집안에서는, 나의 위에는 아무도 없습니다. 나의 주인께서 나의 마음대로 하지 못하게 한 것은, 한 가지뿐입니다. 그것은 마님입니다. 마님은 주인 어른의 부인이시기 때문입니다. 그런데 내가 어찌 이런 나쁜 일을 저질러서, 하나님을 거역하는 죄를 지을 수 있겠습니까?" (창 39:8-9, 표준새번역). 요셉은 만약 자신이 그녀의 유혹을 받아들이게 된다면, 그것은 자신을 믿어준 주인 보디발의 신뢰를 철저히 배신하는 행위임을 알고 있었다. 그러나 그것은 더 근본적으로는 보디발이 아닌 바로 하나님 그분을 향한 배신임을 요셉은 또한 인식하고 있었다.

보디발이 요셉을 학대하는 주인이었다고 가정을 해보자. 만약 그랬다면, 요셉은 보디발 주인의 아내와 동침하는 것을 정당화했을지도 모르겠다. 주인이 나를 학대했으니까, '주인은 당해도 싸.' 하고 생각할 수도 있었을 것이다. 그러나 죄는 근원적으로 사람 이전에 하나님께 대한 반역이다. 따라서 그러한 변명은 통하지 않는다.

4

은혜를 헛되이 받지 말라

NO CHEAP GRACE

"성경은 '비판하지 말라' 고 말씀하지요. 그러나 남편은 항상 저를 비판해요. 저의 잘못을 이야기 할 때 보면, 남편은 그리스도인이 아닌 것 같아요."

"저는 아내에게 용서를 구했지만, 아내는 용서를 해주질 않아요. 계속 꿍하고만 있어요. 어떻게 해야 될지 모르겠어요."

"아내에 대한 저의 행동들은 정말 잘못된 것들이에요. 제가 해야 할 일은 아내에게 가서 용서를 구하는 거에요. 그러나 더 중요한 것은 저의 행동이 실제로도 바뀌는 것이겠지요."

"물론 저도 자랑스럽지 못한 일들을 해요. 그러나 남편에게 비하면, 저는 성녀(聖女)에요. 먼저 용서를 구해야 할 사람은 제가 아니라 남편이에요."

▶ 여는 말

결혼은 '회개' 와 '용서' 의 장(場)이다. 지금까지 계속 보아왔듯이, 성경은 우리가 '죄인' 이며, '이기적' 이며, '자기중심적' 인 존재들임을 폭로해주고 있다. 결혼은 남편과 아내가 '상대 중심적' 이 되기를 요구한다. 한 번도 싸운 적이 없다고 말하는 부부들은 진실을 왜곡하고 있거나, 아니면 피상적인 관계만을 유지하고 있거나, 그 둘 중 하나이다. 문제는 갈등을 피하는 것이 아니라 그것에 어떻게 대응하느냐 하는 것이다.

당신 부부는 서로의 잘못을 고백하고 용서를 베푸는 일에 마음을 열고서 문제들을 기꺼이 대화로 풀어 가는가? 아니면 고통스런 결과에도 불구하고, 끝까지 자기주장만을 고집하는가?

▶ 본격 탐구

성경 읽기 〈눅 17:1-4〉

1 예수께서 제자들에게 이르시되 실족하게 하는 것이(=죄짓게 하는 일이) 없을 수는 없으나 그렇게 하게 하는 자에게는 화로다

2 그가 이 작은 자 중의 하나를 실족하게 할진대 차라리 연자맷돌이 그 목에 매여 바다에 던져지는 것이 나으리라

3 너희는 스스로 조심하라 만일 네 형제가 죄를 범하거든 경고하고(=rebuke, 질책하고) 회개하거든 용서하라

4 만일 하루에 일곱 번이라도 네게 죄를 짓고 일곱 번 네게 돌아와 내가 회개하노라 하거든 너는 용서하라 하시더라

"네 형제"

누가복음 17장은 원래 결혼한 부부들을 향해 하신 말씀은 아니다. 예수님은 다른 믿는 자들과의 관계에 대해서 다루고 계신다. 그러나 우리 대부분이 가장 많이 접촉하고, 우리가 함께 겪는 갈등의 여파가 가장 크게 미치는 "네 형제"(3절)가 바로 우리의 아내와 남편이다. 따라서 위 말씀을 읽을 때, 먼저 당신의 배우자를 염두에 두면서 읽을 필요가 있다.

1. 위에서 예수님은 "죄짓게 하는 일이(=실족케 하는 일이) 없을 수는 없다." 라고 말씀을 시작하고 계신다(1절). 왜 그 말씀이 사실인가?

특별히 부부사이에 배우자로 하여금 죄짓게 할 수 있는 일들에는 흔히 어떤 것들이 있는가?

2. 죄짓게 하는 일이 없을 수 없는 것이라면, 왜 예수님은 타인을 실족하게 하는 그런 사람에게 화가 있을 것이라고 말씀하시는가?

예수님께서는 우리가 다른 사람들을 실족케 할 수 있는 시험에 어떻게 반응하기를 바라시는가?

3. 어떻게 우리는 다른 사람들에게 실족할 수 있는 기회를 제공하는 일로부터 우리 자신을 지킬 수 있는가?

또 부부관계에서는 이것이 어떻게 가능할 수 있는가?

4. '질책' 이란 무엇인가?(3절)

남편이나 아내를 질책하는 일이 타당한 것인가? 만약 그렇다면, 어떻게 하는 것이 좋은가?

5. 잠언 27:5-6은 이렇게 말씀하고 있다. "드러내 놓고 꾸짖는 것이, 숨은 사랑보다 낫다. 친구의 책망은 아파도 진심에서 나오지만, 원수의 입맞춤은 거짓에서 나온다." 어떻게 이 잠언이 사실이며, 부부관계에 교훈이 될 수 있는가?

6. 우리는 무조건, 무슨 일이든, 언제나 우리의 배우자를 용서해야만 하는가? 왜인가 혹은 왜 아닌가?

용서에는 어떤 조건이 따르는가?

7. 우리의 용서에는 한계선이 있는가? 설명해보라.

8. '용서' 란 상대방이 행한 죄 자체를 '망각' 하는 것인가? '용서' 와 '망각' 은 어떤 관련이 있는가?

▶ 부부 코너

사무엘상 25:1-38을 함께 읽어보라. 특히 아비가일이 자신의 남편 나발을 '질책' 한 방식에 주목하여보라(17-19절, 36-37절). 비록 잠깐 동안이긴 하였지만, 아비가일의 그런 지혜로운 대처 방식으로 인해 나발은 어떤 유익을 얻었는가? 하지만 나발은 그 기회를 통해 교훈을 얻었는가?

당신 부부는 서로의 질책에 얼마나 귀를 기울이고 있는가? 함께 살펴보라.

배경 설명: 바울의 편지

지금 사도 바울은 자신이 고린도 교회에 보내 그들을 회개에 이르게 했던 자신의 편지에 대해서 말을 하고 있다. 그 편지의 정확한 내용은 알려져 있지 않다. 그러나 그것은 고린도후서 2:5-11에 언급되고 있는 한 교인과 관련이 있다. 그 교인은 바울 자신과 그의 사도로서의 권위에 대해 공격을 가했던 사람이었다. 하지만 또 어떤 이들은 바울의 이 편지가 고린도전서 5:1-5에 나오는 자신의 의붓어머니를 아내로 데리고 살고 있던 교인과 연관이 있는 것이라는 주장을 하기도 한다. 그러나 이 주장은 확실한 견해가 아니어서 이의를 제기하는 사람들이 많다.

▶ 보너스

고린도후서 7장을 읽어보라.

"그러므로 내가 편지로 너희를 근심하게 한 것을 후회하였으나 지금은 후회하지 아니함은 그 편지가 너희로 잠시만 근심하게 한 줄을 앎이라 내가 지금 기뻐함은 너희로 근심하게 한 까닭이 아니요 도리어 너희가 근심함으로 회개함에 이른 까닭이라 너희가 하나님의 뜻대로 근심하게 된 것은 우리에게서 아무 해도 받지 않게 하려 함이라 하나님의 뜻대로 하는 근심은 후회할 것이 없는 구원에 이르게 하는 회개를 이루는 것이요 세상 근심은 사망을 이루는 것이니라." (고후 7:8-10)

왜 사도 바울은 고린도 성도들을 근심하게 만든 편지를 보냈던 일에 대하여 오히려 기뻐하고 있는가?

하나님의 뜻대로 하는 근심이 지닌 가치는 무엇인가?

또 어떤 종류의 근심은 무익한 근심인가?

남편과 아내가 선한 이유로 상대 배우자를 근심하게 만들어도 좋은 경우들이 있는가?

본격 탐구 노트

Study 4. 은혜를 헛되이 받지 말라 <눅 17:1-4>

목적: 부부 사이에서의 '책임' 과 '질책' 의 역할을 이해하기 위함.

질문 1. 우리 모두는 '죄인 공동체' 의 한 부분이기 때문에, 다른 사람들로 하여금 우리와 합심하여 죄를 짓는 일에 참여하도록 하거나, 우리를 대하는 과정에서 죄를 짓는 행동을 하도록 유도하기도 한다. 특히 '두 죄인들 간의 밀접한 결합' 인 부부관계에는 그런 일들이 발생할 수 있는 수많은 기회들이 산재해있다. 우리의 행동들은 흔히 우리의 배우자로 하여금 '분노' 나 '비웃음', '실망', '좌절' 등의 죄를 짓게 하는 원인을 제공할 수가 있다. 선한 면으로든 혹은 악한 면으로든, 부부란 서로의 생각과 행동에 가장 큰 영향을 미치는 관계이기 때문이다.

질문 2. 우리는 죄인들이기 때문에, 죄를 짓거나 짓게 하는 일을 피하기가 어렵다. 그러나 그런 사실이 죄의 형벌에 대한 정당성을 약화시켜줄 수 있는 변명이 되지는 못한다. 죄는 죄이기 때문이다. 예수님은 당신의 백성들이 죄의 형벌에 대한 그분의 엄중한 경고에 올바르게 반응하기를 원하신다. 우리가 서로의 관계들에 있어서 좀 더 주의를 기울임으로써 말이다. 그분은 우리가 다른 사람들로 하여금 죄를 짓도록 실족케 하는 원인들이나 기회들을 적극적으로 회피하기를 바라신다.

질문 3. 무엇보다도, 우리는 우리 자신과 다른 사람들을 그리고 특별히 우리의 배우자를 알아야만 한다. 한 예로, 상대의 분노가 폭발할 수 있는 '발화점' 이 무엇인지를 알 필요가 있다. 결혼하고 얼마간의 시간이 지나면, 대부분 이러한 '발화점' 들이 분명하게 보이게 된다. 하지만 또 죄의 습성들은 그것들을 악용하고자 하는 경향이 있다. 예를 들면, 아내나 남편에게 화가 날 경우, 우리는 그들의 속을 긁어놓기를 원한다. 그리고 그 때, 그들이 분노하기 쉬운 그들의 '발화점' 을 건드리는 말들을 내뱉게 된다.그러나 또한 우리는 아내나 남편에 대해 알고 있는 지식이나 정보를 선한 쪽으로 사용할 수도 있다. 즉, 우리는 그들이 실족할 수 있는 일들을 피하는 데에 그 지식을 이용할 수 있는 것이다.

관계에 있어서 가장 중요한 것은 주의를 기울이는 것이다. 본질적으로, 우리는 서로에게 '학생' 이 되어야만 한다. '학생' 이란 끊임없이 배우는 사람이며, 서로를 친밀하게 그리고 자세하게 알고자 부단히 애쓰는 사람이다.

질문 4. '질책' 이란 누군가 잘못된 일을 하였을 때, 그 사람을 향한 '언어적인 경고' 이다. 질책은 그것을 듣는 사람이나 말하는 사람 모두에게 고통스런 경험이 될 수 있다. 왜냐하면, 그것은 상대의 행동이나 태도상의 연약함과 부족함을 폭로하는 것이기 때문이다. 그리고 부부사이는 '질책' 을 서로 주고받을 수 있는 중요한 관계이기도 하다. 그 질책이 사랑으로 행해지는 한 말이다. 결국 우리의 배우자보다 우리를 더 잘 알고 있는 사람도 없기 때문이며, 부부만큼 서로 허물없는 관계도 없기 때문이다. 하지만 '질책' 이라고 해서 반드시 크고 고압적인 목소리로 말해져야만 할 필요는 없다. 그것은 부드러운 음성으로도 얼마든지 가능하다. 그러나 또 그것은 어찌됐건, 한 인생의 문제점을 들춰내는 것이기에 아무리 사랑으로 행해져도 서로에게 쓰라린 부분이 있을 수 있다.

질문 5. 위 잠언은 '질책' 이란 우리가 더 나은 사람이 되는 모습을 보기 원하는 '친구' 에 의해 행해지는 사랑의 행위임을 지적해주고 있다. 물론 여기에서 '친구' 란 우리의 배우자가 될 수도 있다. 그리고 진정한 친구는 자신이 사랑하는 사람이 계속해서 남에게 해를 끼치는 삶을 살아가는 것을 원치 않는 법이다. 다른 사람의 잘못을 지적하는 것은 용기가 필요한 일이다. 따라서 질책을 받는 사람은 그런 사실을 기억하고, 방어적으로 반응하지 않는 자세가 필요하다.

질문 6. '용서' 는 값싸게 주어지는 것이 아니다. 용서는 조건적이다. 용서는 잘못을 저지른 사람이 진심으로 뉘우치느냐 그렇지 않느냐에 따라 달라질 수 있다. 다시 말해, 죄지은 사람이 자신의 죄를 인식하고 그 죄로부터 돌이키느냐가 용서를 받을 수 있느냐의 조건이 된다.

질문 7. 용서의 횟수에는 한계선이 없다. 예수님께서 분명히 말씀하셨듯이(눅 17:4),

죄를 지은 사람이 회개하는 한, 우리는 용서해야만 한다. 성경에서 '일곱' 이라는 숫자는 일반적으로 '완전함' 을 상징하는 것이며, '무제한적인 횟수' 를 의미하는 것이다.

질문 8. 흔히 '용서' 란 상대가 행한 죄에 대해 '잊어버리는' 것을 의미하는 것이라고 말을 한다. 이런 주장은 "다시는 그들의 죄를 기억지 아니하리라." 라는 하나님의 말씀에 기초를 두고 있다(렘 31:34, 시 25:7). 그러나 성경에서 무언가를 '잊어버린다' 라고 말하는 것은 실제로 그것에 관한 '기억을 잃어버린다' 는 뜻이 아니다. 그 말은 그러한 '기억에 따라 행동하기를 거부한다' 는 의미이다. 사실 과거의 상처를 잊어버리고, 우리의 기억으로부터 그것을 지워버리는 일은 그리 쉬운 일이 아니다. 그리고 때론 그렇게 하는 일이 위험할 수도 있다. 왜냐하면, 우리가 과거를 정말로 '망각' 하게 되면, 그것은 누군가에게 또 다시 우리를 학대할 수 있는 기회를 제공하는 꼴이 될 수 있기 때문이다.그러나 일단 상대를 '용서' 했다면, 앞으로 혹 있을지 모를 동일한 잘못에 대비하여 경계를 하는 일은 필요할 수 있지만, 새로운 상처를 받을 때마다 과거의 '범죄 리스트' 를 다시금 묵상하는 일은 지혜롭지 못하다. 또한 이미 회개하고 용서받은 사람을 계속적으로 징계하는 일 역시 옳지 못한 처사이다.

보너스 질문. 사도 바울이 고린도 성도들의 근심을 기뻐한 이유는 자신이 보낸 편지가 그들을 회개에 이르게 하는 근심으로 이끌었기 때문이었다. 고린도 교인들은 자신들의 잘못을 깨닫고 슬퍼하였다. 이 슬픔과 근심은 바울 사도의 질책이 불러일으킨 긍정적인 효과였다.

하나님의 뜻대로 하는 근심은 우리를 '회개' 에 이르게 하고, '회개' 는 또 우리를 '구원' 에 이르게 하는 큰 유익을 가져온다. 그러나 세상 일로 마음 아파하고 슬퍼하는 근심은 오직 '사망' 에 이르게 할 뿐이다. 부부사이와 같이 밀접한 관계는 서로의 인격이나 행동의 부족한 약점들을 지적해줄 수 있는 수많은 기회들을 제공해준다. 그러나 그에 따른 슬픔과 아픔이 행동의 변화 즉, 회개를 이끌어낼 수 있다면, 그것처럼 부부 서로를 위해 유익한 일도 없을 것이다.

5

'들보' 와 '티'

THE LOG AND THE SPECK

"부부싸움을 할 때마다, 당신은 언제나 당신이 옳다고 생각하지요. 당신이 그렇게 완벽한 사람이에요?"

"여보, 어젯밤에는 내가 제정신이 아니었나봐. 당신한테 그렇게 화를 내다니. 정말 미안해. 하지만 당신의 행동에 나도 큰 상처를 입었어. 우리 차분히 얘기 좀 할 수 있을까?"

"당신은 정말, 정말 나쁜 사람이에요. 더 이상 참고 살아야 할 이유를 모르겠어요. 꼴도 보기 싫으니, 나가버려요!"

▶ 여는 말

앞 장(章)에서는 '질책' 의 필요성에 대하여 생각해보았다. 하지만 이 특권은 또한 남용될 수 있는 위험이 있다. 언제 '질책' 이 도를 넘게 되는가?

▶ 본격 탐구

마태복음 7:1-6은 '들보' 와 '티' 의 비유로 유명한 말씀이다. 우리는 이 말씀을 통해, '두 죄인' 이 밀접한 관계를 맺으며 함께 살아가는 인생 여정에 있어 중요한 것이 무엇인지를 교훈 받게 된다.

성경 읽기 1. 〈마 7:1-6〉

1 비판을 받지 아니하려거든 비판하지 말라
2 너희가 비판하는 그 비판으로 너희가 비판을 받을 것이요 너희가 헤아리는 그 헤아림으로
너희가 헤아림을 받을 것이니라
3 어찌하여 형제의 눈 속에 있는 티는 보고 네 눈 속에 있는 들보는 깨닫지 못하느냐
4 보라 네 눈 속에 들보가 있는데 어찌하여 형제에게 말하기를 나로 네 눈 속에 있는 티를 빼
게 하라 하겠느냐
5 외식하는 자여 먼저 네 눈 속에서 들보를 빼어라 그 후에야 밝히 보고 형제의 눈 속에서 티
를 빼리라
6 거룩한 것을 개에게 주지 말며 너희 진주를 돼지 앞에 던지지 말라 그들이 그것을 발로 밟고
돌이켜 너희를 찢어 상하게 할까 염려하라

1. 우리가 다른 사람을 비판하지 말아야 할 이유로 예수님은 어떤 것을 들고 계신가?(1, 2절)

2. 사람 눈 속에 들어있는 '들보' 란 무엇을 의미하는가?

또 '티' 는 무엇인가?(3절)

3. 왜 자기 자신의 문제나 잘못을 먼저 인정하는 배우자나 그런 사람들의 질책은 받아들이기가 좀 더 쉬운가?

4. 당신의 남편이나 아내는 눈에 '들보'를 가지고 있고, 당신은 '티'를 가지고 있을 경우, 그런 당신의 남편이나 아내를 비판하고 싶은 마음이 드는 때가 있는가? 그런 때는 어떻게 반응하는 것이 지혜로운 처사인가?

성경 읽기 2. 〈마 18:21-35〉

21 그 때에 베드로가 나아와 이르되 주여 형제가 내게 죄를 범하면 몇 번이나 용서하여 주리이까 일곱 번까지 하오리이까

22 예수께서 이르시되 네게 이르노니 일곱 번뿐 아니라 일곱 번을 일흔 번까지라도 할지니라

23 그러므로 천국은 그 종들과 결산하려 하던 어떤 임금과 같으니

24 결산할 때에 만 달란트 빚진 자 하나를 데려오매

25 갚을 것이 없는지라 주인이 명하여 그 몸과 아내와 자식들과 모든 소유를 다 팔아 갚게 하라 하니

26 그 종이 엎드려 절하며 이르되 내게 참으소서 다 갚으리이다 하거늘

27 그 종의 주인이 불쌍히 여겨 놓아 보내며 그 빚을 탕감하여 주었더니

28 그 종이 나가서 자기에게 백 데나리온 빚진 동료 한 사람을 만나 붙들어 목을 잡고 이르되 빚을 갚으라 하매

29 그 동료가 엎드려 간구하여 이르되 나에게 참아 주소서 갚으리이다 하되

30 허락하지 아니하고 이에 가서 그가 빚을 갚도록 옥에 가두거늘

31 그 동료들이 그것을 보고 몹시 딱하게 여겨 주인에게 가서 그 일을 다 알리니

32 이에 주인이 그를 불러다가 말하되 악한 종아 네가 빌기에 내가 네 빚을 전부 탕감하여 주었거늘

33 내가 너를 불쌍히 여김과 같이 너도 네 동료를 불쌍히 여김이 마땅하지 아니하냐 하고

34 주인이 노하여 그 빚을 다 갚도록 그를 옥졸들에게 넘기니라

35 너희가 각각 마음으로부터 형제를 용서하지 아니하면 나의 하늘 아버지께서도 너희에게 이와 같이 하시리라

5. 위 말씀에 나오는 '임금' 과 '만 달란트 빚진 자' 는 각각 누구를 상징하고 있는가?

6. 또 만 달란트를 탕감 받았던 자에게 '백 데나리온을 빚진 자' 는 누구를 상징하는가?

7. 왜 '만 달란트를 탕감 받았던 자' 의 행동에 대해 임금은 그렇게 분노하였는가?

8. 어떻게 우리는 위 말씀의 교훈을 우리의 부부관계에 적용해야 하는가?

▶ 부부 코너

당신 부부가 싸우게 되는 갈등의 유형을 함께 생각해보라. 갈등이 어떻게 시작되는가?

남편이나 아내가 당신의 문제점을 지적하게 될 때, 어떤 방식으로 그 문제에 접근하는 것이 도움이 되었었는가?

또 어떤 말이나 말투가 서로 화해하는 일에 걸림돌이 되었었는가?

▶ 보너스

신약 성경 빌레몬서를 읽어보라. 오네시모는 주인 빌레몬으로부터 도망을 친 노예였다. 오네시모는 빌레몬에게 죄를 범했다. 그러나 바울 사도는 빌레몬에게 오네시모를 용서할 것을 부탁하고 있다. 무슨 근거로 바울은 빌레몬에게 그런 요청을 하고 있는가? 그리고 그런 근거가 부부사이의 잘못에도 동일하게 적용될 수 있는 것인가?

본격 탐구 노트

Study 5. '들보' 와 '티' <마 7:1-6> <마 18:21-35>

목적: 겸손한 자세로 질책하는 법을 배우기 위함.

질문 1. 남을 비판하는 자는 자기도 똑같이 비판을 받게 될 것이기 때문이다. 상대방에게서 뿐만 아니라, 불꽃같은 눈으로 지켜보고 계시는 하나님께로부터도 말이다.

질문 2. '들보' 란 '큰 죄나 큰 잘못' 을 의미하며, '티' 란 비교적 '작은 죄나 작은 잘못' 을 상징한다. 위 말씀은 '자기의(自己義)' 에 빠져 타인을 비판하는 사람들을 향한 경고의 메시지이다. '자기의' 에 빠진 자들은 자신의 허물은 전혀 깨닫지 못하고, 다른 사람들의 허물만을 크게 보는 자들이다.

질문 3. 우리도 우리 자신이 완벽한 존재가 아니라는 사실을 머리로는 알고 있지만, 그렇다는 비판을 타인으로부터 듣는 일은 견디기 어렵다. 그런 비판은 흔히 수치심이나 죄책감 또는 다른 사람들과의 관계를 끊어버리고자 하는 어떤 감정들을 유발한다. 우리는 우리의 추악함이 드러나게 되면, 상대방으로부터 우리 자신을 숨기고 싶어한다. 그러나 다른 사람들이 먼저 자신의 연약함을 우리에게 드러내 보여주게 될 때면, 우리 또한 마음을 열고 그들의 비판을 받아들이기가 쉬워지기도 한다. 우리의 '자기방어 기제' 가 해제되기 때문이다. 그리고 한 가지 덧붙여, 만약 반원들이 부부간에 서로를 평가하거나 비평하는 일이 결코 있어서는 안 된다는 것이 예수님의 가르침이라고 오해하고 있다면, 다음의 말씀들을 읽어볼 수 있도록 권하라. 예수님께서도 당신의 제자들에게 죄를 범한 형제를 질책할 것을 말씀하셨다. 누가복음 17:3(만일 네 형제가 죄를 범하거든 경고하고(=rebuke, 질책하고)…….). 갈라디아서 6:1(사람이 만일 무슨 범죄한 일이 드러나거든 신령한 너희는 온유한 심령으로 그러한 자를 바로잡고…….). 디모데전서 5:20(범죄한 자들을 모든 사람 앞에서 꾸짖어…….).

질책은 판단과 평가를 의미한다. 마태복음 7:5도(……그 후에야 밝히 보고 형제의 눈 속에서 티를 빼리라.) 다른 사람에 대한 비평의 가능성을 시사해주고 있다는 사실에 주의하라. 따라서 예수님께서는 우리에게 서로 간의 '건강한 비판'까지를 금하고 계신 것은 아니다.

질문 4. 당연히 그런 마음이 들 때가 있을 것이다. 그리고 실제로 당신 자신의 잘못보다 배우자의 잘못이 훨씬 더 큰 것이 사실일 수도 있다. 그러나 하나님의 관점에서 보았을 때, 모든 죄는 크고 작고에 상관없이, 악한 것이기는 마찬가지라는 사실을 기억해야만 한다. "죄는 죄이다."라는 면에서는, 죄에는 '등급'이 없는 것이다. 만약 우리가 "그래도 너보다는 낫다."라는 태도를 고집하게 된다면, '화해'가 아닌 더 깊은 '단절'이라는 재앙만을 불러오게 될 것이다.

질문 5. 위 비유에서 '임금'은 '하나님'을, 그리고 '만 달란트 빚진 자'는 '죄인' 곧 '우리 자신'을 상징하고 있다. 임금이 그 빚진 자의 엄청난 빚을 남김없이 탕감하여 주었듯이, 하나님께서는 우리의 셀 수 없이 많은 죄들을 깨끗이 용서해주신 것이다.

질문 6. '백 데나리온을 빚진 자'는 '우리의 형제와 이웃'을 가리킨다. '만 달란트 빚진 자'는 천문학적인 액수의 빚을 탕감 받았음에도 불구하고, 자신은 자신에게 지극히 적은 액수의 빚을 진 사람에게 용서를 베풀기를 싫어하였다.

질문 7. '만 달란트 빚진 자'는 자신의 빚에 대해 임금에게 자비를 구했지만, 정작 자신은 또 다른 사람에게 자신이 받은 은혜를 베푸는 일에 인색하였다. 그의 그런 행동은 그가 얼마나 감사를 모르는 자이며, 얼마나 자기중심적인 인간인지를 보여준다. 마태복음 7장의 표현으로 바꿔 말하면, 그는 '일백 데나리온 빚진 자'의 눈에서 '티'를 빼내려고 하는 자였다. 자기 자신의 눈 속에 들어있는 '일만 달란트의 들보'는 전혀 깨닫지 못한 채로 말이다.

질문 8. 우리의 배우자가 우리에게 잘못을 범하고 그래서 그들을 질책해야 할 때에도, 우리는 먼저 하나님께서 우리에게 보여주셨던 말할 수 없이 크신 은혜를 기억할 필요가 있다. 그리고 배우자가 마음으로부터의 진실한 회개를 하고 있는 경우라면, 우리 또한 마땅히 용서를 베풀 마음의 준비가 되어있어야만 한다.

보너스 질문. 사도 바울이 빌레몬에게 오네시모를 용서해줄 것을 요청하고 있는 근거는 오네시모가 '같은 믿음의 형제' 라는 사실이었다(빌 1:10-12). 오네시모가 주인 빌레몬에게 다시 돌아가겠다고 하는 것은 '회개' 의 표현이었다. 따라서 빌레몬 역시 '용서' 를 선포해야만 했다. 바울 사도는 또한 빌레몬이 바울 자신을 존경하는 마음에서라도 오네시모를 용서할 것을 호소하고 있다(빌 1:17).

그리고 '같은 믿음의 형제' 라는 근거는 그리스도인 부부인 우리에게도 동일하게 적용되어진다. 우리의 배우자가 진심으로 잘못을 회개하고 있다면, 우리는 그들을 '같은 믿음의 형제' 로서 용서해야만 한다.

6

용서의 기쁨

THE JOYS OF FORGIVENESS

"저는 무슨 문제든 남편하고 다 얘기할 수 있을 것 같아요. 남편은 그냥 넘어가는 법은 없지만, 제가 실수해도 절대로 비난은 하지 않거든요."

"물론 저희 부부도 싸웁니다. 그러나 갈등을 극복하기 위해 서로 노력하지요. 그리고 화해하게 될 때면, 저는 아내가 점점 더 사랑스러워지는 것을 느낄 수가 있어요."

"결혼생활이 이렇게 힘들 줄은 몰랐어요. 저는 모든 일을 혼자서 삭이는 편이거든요. 그런데 가끔씩은 폭발할 지경까지 이르게 돼요. 저도 그렇게 하는 것이 별로 좋지 않다는 것은 알지만, 다른 방도가 없어요."

"예수님께서는 제가 죄를 고백할 때마다 저를 용서해주셨어요. 그런데 어떻게 제가 제 남편에게 그렇게 하지 않을 수 있겠어요?"

▶ 여는 말

진심으로 '회개' 하면, '용서' 는 따라오게 되어있다. 그리고 그렇게 되면, 관계를 막고 있었던 죄는 더 이상 우리를 옭아맬 수가 없고, '화해' 가 찾아오게 된다. 당신도 이런 사실을 실제로 경험해보았는가?

▶ 본격 탐구

성경은 날마다 '회개와 용서의 삶' 을 사는 사람들에 대하여 무어라고 말해주고 있는가? 반면, '회개와 용서가 없는 삶' 에는 어떤 일이 발생하는가?

성경 읽기 〈눅 15:11-32, 표준새번역〉

11 예수께서 말씀하셨다. "어떤 사람에게 아들이 둘 있는데,
12 작은 아들이 아버지에게 말하기를 '아버지, 재산 가운데서 내게 돌아올 몫을 내게 주십시오' 하였다. 그래서 아버지는 살림을 두 아들에게 나누어 주었다.
13 며칠 뒤에 작은 아들은 제 것을 다 챙겨서 먼 지방으로 가서, 거기에서 방탕하게 살면서 그 재산을 낭비하였다.
14 그가 그것을 다 탕진했을 때에, 그 지방에 크게 흉년이 들어서 그는 아주 궁핍하게 되었다.
15 그래서 그는 그 지방에 사는 어떤 사람을 찾아가서, 몸을 의탁하였다. 그 사람은 그를 들로 보내서 돼지를 치게 하였다.
16 그는 돼지가 먹는 쥐엄 열매로라도 배를 채우고 싶은 마음이 간절했으나, 주는 사람이 없었다.
17 그제서야 그는 제정신이 들어서, 이렇게 말하였다. '내 아버지의 그 많은 품꾼들에게는 먹을 것이 남아도는데, 나는 여기에서 굶어 죽는구나.
18 내가 일어나, 아버지에게 돌아가서, 이렇게 말씀드려야 하겠다. 아버지, 내가 하늘과 아버지 앞에 죄를 지었습니다.
19 나는 더 이상 아버지의 아들이라고 불릴 자격이 없으니, 나를 품꾼으로 삼아 주십시오.'
20 그는 일어나서, 아버지에게로 갔다. 그가 아직도 먼 거리에 있는데, 그의 아버지가 그를 보고 측은히 여겨서, 달려가 그의 목을 껴안고 입을 맞추었다.
21 아들이 아버지에게 말하였다. '아버지, 내가 하늘과 아버지 앞에 죄를 지었습니다. 이제부터 나는 아버지의 아들이라고 불릴 자격이 없습니다.'
22 그러나 아버지는 종들에게 명령하였다. '어서 좋은 옷을 꺼내서 그에게 입히고, 손에 반지를 끼우고, 발에 신을 신겨라.
23 그리고 살진 송아지를 끌어내다가 잡아라. 우리가 먹고 즐기자.
24 나의 이 아들은 죽었다가 살아났고, 내가 잃었다가 되찾았다.' 그래서 그들은 잔치를 벌였다.
25 큰 아들이 밭에 있다가 돌아오는데, 집에 가까이 이르렀을 때에, 음악 소리와 춤추면서 노는 소리를 듣고,
26 종 하나를 불러서, 무슨 일인지를 물어 보았다.
27 종이 그에게 말하기를, '아우님이 집에 돌아왔습니다. 건강한 몸으로 돌아온 것을 반겨서,

주인 어른께서 살진 송아지를 잡으셨습니다' 하였다.
28 큰 아들은 화가 나서, 집으로 들어가려고 하지 않았다. 아버지가 나와서 그를 달랬으나,
29 그는 아버지에게 말하였다. '나는 이렇게 여러 해를 두고 아버지를 섬기고 있고 아버지의
명령을 한 번도 어긴 일이 없는데, 내게는 친구들과 함께 즐기라고, 염소 새끼 한 마리도 주
신 일이 없습니다.
30 그런데 창녀들과 어울려서 아버지의 재산을 다 삼켜 버린 이 아들이 오니까, 그를 위해서는
살진 송아지를 잡으셨습니다.'
31 아버지가 그에게 말하기를, '얘야, 너는 늘 나와 함께 있지 않느냐? 또 내가 가진 모든 것은
다 네 것이 아니냐?
32 너의 이 아우는 죽었다가 살아났고, 내가 잃었다가 되찾았으니, 즐거워하고 기뻐하는 것이
마땅하지 않겠느냐?' 하였다."

배경 설명: 비유 읽기

예수님은 '선생' 이셨다. 그리고 '비유' 는 그분의 주된 '교육방법' 이셨다. 비유로 가르치심을 통하여, 예수님은 구약의 지혜로운 랍비들의 교육 전통 속에 당신 자신을 합류시키셨다. 비유는 특히 심오한 진리들을 가르치는 데 있어서 아주 효과적인 수단이 된다. 그것은 "천국은 마치 밭에 감추인 보화와 같으니." 처럼 직접 두 개의 사물을 비교하는 '직유법' 을 사용하거나, 위에서처럼 '이야기' 를 이용하기도 한다. 그런데 비유를 읽는 일에 있어서 기억해야 할 중요한 한 가지 사항은 비유란 풀어야 하는 '비밀 코드' 가 아니라는 것이다. 그것은 하나 이상의 요점에 초점을 맞추고 있을 수도 있다. 그리고 비유 속의 모든 인물들과 그들의 모든 행동들이 언제나 더 깊은 영적인 의미를 지니고 있는 것은 아닐 수도 있다.

1. 어떻게 작은 아들은 자신의 가족들과의 관계를 깨트려버렸는가?

2. 어떻게 남편과 아내 또한, 비유 속의 작은 아들처럼, 상호 관계의 친밀함을 파괴할 수

있는가?

3. 마침내 무엇이 작은 아들로 하여금 자신의 잘못을 깨닫게 하였는가?

그리고 그것이 자기 파멸적인 길을 걷고 있는 사람들이 제정신을 되찾게 되는 전형적인 방식인가?

'회개' 후에는 반드시 '용서'와 '화해'가 뒤따라야만 하는가?

예수님께서는 회개하는 자에게 용서를 베풀 필요성에 대하여 크게 강조하셨다(마 18:22, 눅 17:4). 그리고 사실 '회개와 용서'는 친밀한 부부관계를 위한 '핵심전략'이기도 하다. 그러나 '회개' 했다고 무조건 자동적으로 '용서'가 뒤따라야만 하는 것은 아닐 경우들도 있다. 무제한적인 용서에 관한 예수님의 가르침은 '진실한 회개'를 그 전제로 하고 있다. 따라서 '가해자'의 '실제적인 행동'이 그의 '언어적인 회개'와 반복적으로 일치하지 않는 경우에는, '피해자'는 조심할 필요가 있다. 또한 '용서'란 예외 없이 모든 것이 다 처음 상태로 되돌아가야만 하는 것을 의미하지는 않는다. 한 예로, 남편으로부터 심한 학대를 당한 아내가 남편을 용서했다고 해서, 반드시 그 남편에게로 다시 돌아가야만 하는 것은 아니다. 마태복음 5:31-32(……누구든지 음행한 이유 없이 아내를 버리면…….)이나 19:1-12(같은 내용임)은 '음행' 즉, '간음'은 근본적으로 결혼 관계를 깨뜨리는 행위이므로, 배우자의 회개 후에도 그 관계가 원래대로 회복되지 않을 수도 있음을 시사해주고 있다.

또 자기파멸의 길을 걷는 사람들이 언제나 원점으로 회복되는가? 왜인가 혹은 왜 아닌가?

4. 어떻게 아버지와 작은 아들 간의 화해가 시작되게 되는가?

5. 위 비유는 '회개와 용서' 의 관계에 주어지는 유익이 무엇이라고 가르쳐주고 있는가?

6. '회개' 나 '용서' 가 그저 '형식적인 고백' 이나 '의무적인 반응' 으로 변질되게 될 때, 무슨 일이 발생하는가?

7. 당신은 아버지와 작은 아들 간의 화해를 지켜보는 큰 아들의 반응을 어떻게 생각하는가?

당신 부부도 서로를 향해 큰 아들과 같은 반응을 하도록 유혹을 받는가?

▶ 부부 코너

당신의 배우자에게 잘못했다는 것을 깨달았을 때, 당신이 보이는 전형적인 반응은 무엇인가? 애써 부인하는가? 도리어 화를 내는가? 아니면 회개하는가? 당신은 당신의 배우자의 허물을 용서하는 일에 얼마나 너그러운가? 그리고 그 이유는 무엇인가?

▶ 보너스

누가복음 7:36-50을 읽어보라.

"한 바리새인이 예수께 자기와 함께 잡수시기를 청하니 이에 바리새인의 집에 들어가 앉으셨을 때에 그 동네에 죄를 지은 한 여자가 있어 예수께서 바리새인의 집에 앉아 계심을 알고 향유 담은 옥합을 가지고 와서 예수의 뒤로 그 발 곁에 서서 울며 눈물로 그 발을 적시고 자기 머리털로 닦고 그 발에 입맞추고 향유를 부으니…… 이러므로 내가 네게 말하노니 그의 많은 죄가 사하여졌도다 이는 그의 사랑함이 많음이라 사함을 받은 일이 적은 자는 적게 사랑하느니라." (눅 7:36-38, 47)

위 말씀은 용서받음의 유익에 대해 무엇을 가르쳐주고 있는가?
특히, 용서를 베푸는 자에게는 어떤 선물이 주어지는가?
위 이야기가 부부들에게 주는 메시지는 무엇인가?

마가복음 11:22-25을 읽어보라.

"예수께서 그들에게 대답하여 이르시되 하나님을 믿으라 내가 진실로 너희에게 이르노니 누구든지 이 산더러 들리어 바다에 던져지라 하며 그 말하는 것이 이루어질 줄 믿고 마음에 의심하지 아니하면 그대로 되리라 그러므로 내가 너희에게 말하노니 무엇이든지 기도하고 구하는 것은 받은 줄로 믿으라 그리하면 너희에게 그대로 되리라 서서 기도할 때에 아무에게나 혐의가 있거든 용서하라 그리하여야 하늘에 계신 너희 아버지께서도 너희 허물을 사하여 주시리라 하시니라." (막 11:22-25)

하나님께 기도하기 전에 다른 사람들을 용서하는 일이 왜 그렇게 중요한가?
위 말씀은 용서의 유익에 대해 무엇을 가르쳐주고 있는가?

본격 탐구 노트

Study 6. 용서의 기쁨 <눅 15:11-32>

목적: 부부간의 '진실한 회개' 와 '진정한 용서' 의 위력에 대하여 배우고자 함.

질문 1. 아들이 아버지에게 자신의 유산을 일찍 요구하는 일은 잘못된 일이 아닐 수도 있다. 그러나 비유 속 작은 아들의 그러한 행동은 그 후의 삶을 볼 때, 자신의 가족과 관계를 끊고자 하는 의도가 숨어있었음이 분명하게 드러난다. 그는 자신의 몫을 챙기자마자, 아버지와 가정을 떠나 모든 돈을 남김없이 낭비하는 허랑방탕한 삶 속으로 질주해간다. 그렇게 그는 자신의 아버지와 형으로부터 자기 자신을 단절시켜버렸다.

질문 2. 남편과 아내가 서로의 관계를 파괴할 수 있는 방법들은 수없이 많다. 하지만 한마디로 요약하자면, 관계의 단절은 자신의 말이나 행동이 배우자에게 어떤 영향을 미칠지에 대해선 전혀 고려하지 않은 채로, 자기 자신만의 필요를 채우고자 할 때 발생하게 된다는 것이다. 그리고 그런 행위들은 '부부간의 성' 이나 '돈 문제' , 또는 그 밖의 다른 영역들에서 수시로 일어날 수 있다.

질문 3. 작은 아들은 자신의 유산을 다 허비한 후 비렁뱅이가 되었다. 그리고 설상가상으로 그가 머물고 있던 땅에 기근까지 겹치게 된다. 돼지 쥐엄 열매로도 배를 채울 수 없는 비참한 상황에 이르게 되자, 비로소 그는 자신의 잘못을 깨닫게 된다. 그는 완전히 최악의 상태로 떨어졌다. 돼지보다도 못한 인생으로 전락해버린 그 참담한 상황이 지난날 자신의 어리석은 선택에 대해 통회하도록 만들었다. 물론 어리석게 행동하는 사람들이 제정신을 차리는 데에는 인생의 바닥으로 떨어지는 그런 경험들이 종종 필요하기도 하다. 그러나 또 반드시 그런 과정을 겪어야만 하는 것도 아니다. 얼마든지 미리미리 깨닫고 돌이키는 길도 있기 때문이다. 하지만 안타까운 실상은 인생의 나락으로 떨어지는 경험을 한 모든 사람들이 전부 다 정신을 차리고, 자신의 삶과 관계들을 회복하기 위해 애쓰고 노력하는 것은 아니라는 사실이다.

질문 4. 우리는 지금 남편과 아내 간의 '회개와 용서에 기초한 삶의 방식' 의 필요성에 대해 살펴보고 있다. 누가복음 15:21에서, 우리는 작은 아들이 아버지께 돌아가 회개하는 모습을 보게 된다. 그는 자신이 하나님과 자신의 아버지께 죄를 지었음을 인정하고 고백한다. 그는 자신이 다시 아버지의 아들로 회복될 것이라고는 생각도 하지 못한다. 오히려 그 반대이다. 그는 단지 아버지의 종들 중 하나와 같이 여겨지기를 원한다. 그러나 아버지는 기쁨에 어쩔 줄 몰라 하며, 그 아들을 자신과 가정의 품 안으로 기꺼이 끌어안는다. '회개' 와 '용서' 가 '관계의 회복' 을 가져온 것이다.

질문 5. '회개와 용서' 의 유익은 무엇보다도 '화해' 이다. 작은 아들의 방탕한 삶은 그 자신과 아버지 간의 깊은 '단절' 을 가져왔었다. 그러나 아들이 회개하고, 아버지가 그 아들을 용서했을 때, 그들은 다시 한 가족으로 함께 살아갈 수 있게 되었다. 두 번째 유익은 '기쁨' 이다. 우리는 이 사실을 아버지의 행동에서 발견할 수가 있다. '회개와 용서' 는 아버지와 아들 모두의 삶에 '기쁨' 을 다시 회복시켜 주었다. 물론 위 이야기의 원칙은 부부관계에도 그대로 적용이 될 수 있다. 죄는 부부사이를 멀어지게 하고 관계를 단절시킨다. 그리고 그 죄를 극복할 수 있는 길은 오직 '회개' 와 '용서' 뿐이다. '회개와 용서' 를 실천할 때, 부부간의 관계는 다시 '화해' 를 경험하게 될 것이며, '기쁨' 을 누리게 될 것이다.

질문 6. 물론 '회개' 나 '용서' 도 그저 하나의 '형식' 이나, 상처 입은 관계를 위한 '일회용 반창고' 로 변질될 수 있다. 그러나 '형식적인 회개' 는 진심으로부터 우러나온 것이 아니기 때문에 '거짓' 이다. 이런 일이 부부사이에도 일어날 수 있지만, 그런 '거짓 회개' 나 '거짓 용서' 에는 관계를 근본적으로 회복시킬 수 있는 능력이 없다.

질문 7. 특히 큰 아들의 근면 성실한 삶의 방식(눅 15:29)을 고려해보았을 때, 우리는 그의 분내는 심정(눅 15:30)에 공감을 하지 않기가 어렵다. 그러나 다시 생각해보면, 우리는 지금 큰 아들이 '자기의 의(義)' 를 주장하고 있음을 볼 수 있게 된다. 그는 이제껏 아버지의 큰 은혜를 누려온 아들이었다. 그런데 자신의 동생이 아버지의 은혜를 다시 입을 수 있게 되자, 그 사실에 원망과 불만을 토해내고 있다. 그는 동생이 아버지께 용서를 받는 대신 처벌을 받기 원했다. 그런데 우리 역시 너나 할 것 없이 '자기의(自己義)' 의 성향들을 다 가지고 있는 존재들이다. 우리는 우리 자신들에게는 '은혜' 를 그러나 다른 사람들에게는 '심판' 이 임하기를 원한다. 비유 속의 큰 아들은 우리가 받은 용서의 은혜를 흘려보내기에 인색한 모든 사람들을 상징한다. 하지만 그런 '큰 아들들' 이 경험하게 되는 것은 '기쁨' 대신 '분노' 와 '원통함' 뿐이다.

보너스 질문.

- **누가복음** 7:36-50 : 예수님께서는 47절에서 이렇게 말씀하신다. "그의 많은 죄가 사하여졌도다 이는 그의 사랑함이 많음이라 사함을 받은 일이 적은 자는 적게 사랑하느니라." '큰 용서' 를 받은 사람일수록 더 '큰 사랑' 을 하게 된다는 말씀이다. 그리고 이 말씀을 바꿔 말하면, '큰 용서' 를 베푸는 사람에게는 그만큼 '큰 사랑' 이라고 하는 선물이 주어진다는 것이다. 부부관계는 '회개와 용서' 를 표현할 수 있는 수많은 기회가 제공되는 장(場)이다. 어떤 부부들은 그러한 기회들을 외면한다. 그들은 자신들의 문제에 대해 대화를 나눠야 할 필요를 애써 부인한다. 그리고 분을 쌓으며, 속을 끓인다. 또 어떤 부부들은 싸우려고만 할 뿐, 정작 갈등을 해결할 노력은 하지 않는다. 결국 그들의 관계는 폭발하고 만다. 하지만 또 서로의 죄와 잘못들을 직시하고, 그것들을 풀어내는 부부들도 있다. '회개와 용서' 를 기본으로 한 그런 관계는 사랑으로 점철되어진다.
- **마가복음** 11:22-25 : 만약 우리가 다른 사람을 용서하지 않는다면, 그것은 우리 자신이 하나님께로부터 용서받은 죄인이라는 사실을 인정하지 않는 것이다. 마가복음 11:25은 앞 장(章)에서 살펴본 용서를 베풀 줄 모르는 '일만 달란트 빚진 자의 비유' (마 18:21-35)와도 연관이 되는 말씀이다. 하나님은 우리가 '일만 달란트(=6,000만 데나리온)' 를 용서해주셨다. 그런데 그런 우리가 우리에게 '일백 데나리온' 빚진 자를 용서하지 않는다면, 우리는 위선자인 것이다. 마가복음 11장은 다른 사람을 용서하는 일의 유익으로서, 그것이 우리 자신이 하늘 아버지께로부터 용서받을 수 있는 길일뿐만 아니라, 우리의 기도가 응답 받을 수 있는 비결임을 가르쳐주고 있다.

지도자를 위한 메모

"내 은혜가 네게 족하도다" (고후 12:9)

성경공부를 인도하는 일은 가슴 설레고 유익한 경험이 될 것이다. 그러나 그것은 동시에 두려운 일이 될 수도 있다. 특히 이번이 처음이라면 말이다. 하지만 이것이 혹 당신이 느끼는 감정이라 할지라도 크게 걱정할 일은 아니다. 왜냐하면 성경의 많은 위대한 인물들도 같은 마음이었기 때문이다. 잘 아는 대로, 하나님께서 모세에게 이스라엘 백성들을 출애굽시키라는 사명을 주셨을 때, 모세는 이렇게 대답했었다. "주여, 보낼만한 자를 보내소서"(출 4:13). 그 이외에도 솔로몬, 예레미야, 디모데 등등 많은 성경의 위인들이 그러하였다. 그러나 하나님은 그들의 연약함에도 불구하고, 그들을 도우시고 그들을 사용하셨다. 그분은 당신도 도우실 것이다.

당신이 반드시 성경 전문가나 성경공부를 이끌만한 훈련된 교사일 필요는 없다. 이 교재는 기본적으로 지도자가 성경공부 반원들이 성경이 말씀하고 있는 바를 스스로 알아가도록 이끌 수 있게 구성되어져있다. 이러한 탐구 방식은 성경공부 참가자들이 강의를 일방적으로 듣는 것보다 훨씬 더 많은 내용을 이해하고 기억할 수 있도록 도움을 줄 것이다.

이 교재의 각 장(章)들은 성경공부를 이끌어가기 쉽도록 설계되었다. 사실, 읽고 해석하고 적용하는 단계에 이르기까지, 성경 본문과 관련된 일련의 질문들이 너무 자연스러워서 교재 스스로가 성경공부를 이끌어간다는 느낌을 받게 될 것이다. 또한 이 교재는 얼마든지 융통성 있게 사용할 수 있다. 학생 그룹이나 전문직 종사자 그룹, 이웃사람 그룹, 또는 교회 소그룹 등, 다양한 모임들에서 활용할 수 있다. 교재의 각 장(章)들은 그룹 모임의 경우, 대략 45분에서 1시간 정도의 시간이 소요될 것이다.

성경공부 모임의 역동성과 활발한 토의를 위해 알고 있어야 할 몇 가지 중요한 사실들이 있다. 아래에 제시되어있는 조언들은 당신이 지도자로서의 역할을 효과적으로 그리고 행복하게 수행해나갈 수 있도록 도와줄 것이다.

성경공부를 위한 준비작업

1. 무엇보다도 하나님께 도움을 구하라. 당신이 주어진 말씀들을 정확하게 이해하고, 당신 자신이 먼저 그 말씀들을 당신의 삶에 적용할 수 있도록 말이다. 이 일이 선행되지 않는 한, 당신은 아직 지도자로서 다른 사람을 이끌 준비가 되지 않은 것이다. 하나님께서 당신의 마음을 열어 그분의 말씀의 의미를 올바로 깨닫고, 말씀대로 실천할 수 있도록 도와주시기를 요청하라. 또한 모임에 참여하는 다양한 배경의 반원들을 위해서도 기도하라.

2. 이 책의 대략적인 개관과 탐구하게 될 문제들에 대한 전체적인 윤곽을 파악하기 위해서 교재 맨 앞부분의 "여정을 시작하면서" 부분을 읽어보라.

3. 교재의 매 장(章)을 공부할 때마다 각 장마다 제시되어진 성경 본문을 미리 여러 번 읽고 묵상하라. 그 말씀에 익숙해지도록 하라.

4. 이 교재에 나오는 성경 본문들은 거의 대부분의 경우, 개역개정과 개역한글 그리고 표준새번역 성경에 기초를 두고 있다. 더 깊은 탐구와 토의를 위해 또 다른 다양한 성경 번역본들을 추가적으로 참고해보는 것도 도움이 될 것이다.

5. 각 장의 모든 질문들에 충실하게 답변하라. 그리고 답하기 전에 시간을 들여 그 질문들에 대해 깊이 생각하고 묵상해보라.

6. 질문들 아래에 마련되어 있는 빈 공간에 당신의 생각과 의견들을 적어보라. 당신이 얼

마만큼 말씀을 이해하고 있는지 그 정도를 명확하게 볼 수 있도록 해줄 것이다.

7. 성경사전을 한 권 곁에 두는 것도 도움이 될 것이다. 익숙하지 않은 용어나 낯선 인명이나 지명 등을 찾아볼 수 있도록 말이다.

8. 본문의 말씀들을 먼저 당신의 삶에 어떻게 구체적으로 적용할 수 있는지에 대해 고민해보라. 왜냐하면, 성경공부 참가자들은 지도자인 당신의 인도를 따를 것이며, 지도자인 당신보다 더 깊은 깨달음의 자리에 들어가기가 쉽지 않을 것이기 때문이다.

9. 일단, 공부하게 될 성경 본문을 당신 스스로 연구하고 묵상하는 일을 마쳤다면, 교재의 각 장(章) 뒷부분에 나와 있는 "본격 탐구 노트"를 읽고 그 내용을 숙지하라. 이것은 여러 가지 면에서 당신에게 도움이 될 것이다.

   첫 번째로, "본격 탐구 노트"는 저자가 각 장을 쓸 때에 마음에 품고 있었던 목적에 대해서 알려줄 것이다. 따라서 각 장의 질문들이 어떻게 그 목적을 이루어가게 되는지를 시간을 들여 숙고해볼 수 있다.

   두 번째로, "본격 탐구 노트"는 다양한 질문들에 대한 배경 정보와 조언들을 제공해줌으로써 성경공부모임이 좀 더 활기차게 진행되는 일을 가능하게 해줄 것이다. 질문들에 대한 배경 정보는 반원들이 질문에 답하는 일이나 질문 자체를 이해하는 일이 어려울 때, 유용하게 활용될 수 있을 것이다.

   세 번째로, "본격 탐구 노트"는 성경공부를 하는 동안 당신이 부딪힐지도 모르는 돌발 가능한 문제들에 대해서도 사전에 준비할 수 있도록 도움을 줄 것이다.

10. "지도자를 위한 메모"나 "본격 탐구 노트"에서 언급한 내용들 중 특별히 기억하고 있어야 할 사항들이 있다면, 각 장의 질문들 아래나 옆 여백에 당신만을 위한 메모를 해두는 것도 좋을 것이다.

성경공부인도하기

1. 정한 시간에 늦지 않게 시작하라. 하나님께서 모든 반원들이 말씀을 제대로 이해하고 올바로 적용할 수 있도록 도와주시기를 요청하는 기도로 시작하라.

2. 모든 반원들이 자신들의 교재를 각자 가지고 있는지를 확인하라. 그리고 함께 모여 공부하기 이전에, 집에서 각 장(章)의 질문들에 대해서 미리 생각해오도록 격려하라.

3. 모임의 첫 시간에, 이 교재가 '강의용' 이 아니라 '토의용' 임을 주지시키라. 반원들이 적극적으로 토의에 참여할 수 있도록 독려하라. 그러나 처음 며칠이나 몇 주 동안은 혹 말하기를 꺼려하는 반원이 있더라도 발표를 강요하지는 마라. 그리고 아래의 지침들을 반원들에게 전달하라.

   - "현재 토의되고 있는 주제에 집중하십시오."
   - "여러분의 답변은 우리 토의의 중심점인 성경 본문에 기초를 두어야 합니다. 다른 해설들이나 다른 발표자들과 같은 성경 이외의 권위에 기초를 두어서는 안됩니다."
   - "이 곳에서 토의된 모든 내용들은 본인으로부터 허락을 받은 특별한 경우가 아닌 이상, 절대로 모임 밖에서 회자되는 일이 없도록 비밀에 부쳐져야 합니다."
   - "다른 사람의 의견을 경청하고, 모든 반원들이 자신의 생각을 말할 수 있는 기회를 갖도록 서로 배려해주어야 합니다."
   - "서로를 위해 기도해주십시오."

4. 성경 본문을 읽기 전에 "여는 말" 의 질문이 먼저 제시되어져야 한다. 왜냐하면, 그것들은 각 장의 주제들을 소개하는 역할을 담당하고 있으며, 성경공부 참가자들로 하여금 마음을 열게 하는 촉매제가 되기 때문이다. 가능한 한 더 많은 반원들이 토의에 적극적으로 참여할 수 있도록 격려하며, 그들 자신의 답변들로 토의가 시작되어 나가도록 분위기를 조성하라.

   "여는 말" 은 당신이나 반원들의 생각과 느낌들 중 어떤 부분이 성경적으로 변화되어져야할 필요가 있는 지를 드러내 보여주도록 설계되어졌다. 따라서 "여는 말" 의 토의를 위한 질문이 주어지기 전에 성경 본문을 읽어서는 안 된다. 이것은 중요한 순서이다. 토의 질문에 대해 자유스럽게 말해보기 전에 성경 본문을 먼저 읽게 되면, 정답인 성경대로 말해야만 한다는 생각 때문에 반원들이 원래 가지고 있었던 자신들의 의견을 정직하게 내어놓을 수 없게 되기 때문이다.

5. 반원 중 한 명이나 혹은 여러 명이 대표로 성경 본문을 큰 소리로 읽게 하라. 그리고 모든 반원들이 그 말씀을 다시금 조용히 묵상할 수 있는 시간을 몇 분 정도 허락하라.

6. 각 장(章)의 "질문 1"들은 성경 본문 전체를 간략하게 숙고해볼 수 있도록 의도된 질문들이다. 반원들로 성경 본문 전체를 보도록 하되, 뒷부분에 이어 나오게 될 질문들이나 문제들로 인해 미리 마음이 분산되지 않도록 하라.

7. 교재의 질문들을 반원들에게 물어볼 때, 그 질문이 쓰여진 원래의 의도가 훼손되지 않도록 주의하라. 질문들을 있는 그대로 그냥 큰소리로 읽어주어도 좋다. 또는 그 질문들을 당신 자신의 말로 바꾸어 표현할 수도 있다.

   그리고 경우에 따라서는 교재상의 순서에서 벗어나 토의를 진행해야 하는 일이 발생할 때도 있을 수 있다. 예를 들면, 한 질문의 답이 토의 도중 이미 이야기되어 버렸거나, 또는 누군가 교재에 나와 있지 않은 어떤 중요한 질문을 제기하게 되는 때이다. 전자의 경우엔, 그 다음 질문으로 넘어가면 될 것이다. 그리고 후자의 경우라면, 시간을 내어 그 문제에 대해 함께 생각해보라. 하지만 본 주제에서 너무 벗어나지 않도록 주의하라.

8. 큰 직사각형 안의 부연 설명들은 성경 본문에 대한 좀 더 자세한 배경 정보들을 담고 있다. 그 정보들이 토의에 도움이 된다고 여겨진다면, 소리내어 그것들을 읽어보아도 좋다. 하지만 토의에 방해가 될 것 같은 경우라면, 반원들 각자가 속으로 읽어보게 해도 괜찮을 것이다.

9. 주어진 질문들에 당신이 먼저 답을 주는 일은 가급적 피하라. 필요하다면, 반원들이 해당 질문을 명확하게 이해할 수 있을 때까지 질문을 반복해서 읽어보도록 하거나 풀어 설명해주라. 또는 당신이 "본격 탐구 노트"에서 읽었던 내용들 중에서 그 질문의 문맥이나 의미를 분명히 해줄 수 있는 어떤 것을 이야기해주라. 진지한 반원들이라면 지도자인 당신의 의견을 크게 존중하고 잠잠히 수용할 것이다.

10. 반원들의 침묵을 두려워하지 마라. 그들도 자신들의 답변을 내놓기 전에 해당 질문에 대해 생각할 시간이 필요할 것이기 때문이다.

11. 한 사람의 대답에 만족하지 말라. "다른 분들은 어떻게 생각하시나요?" 또는 "다른 의견은 없으신가요?" 라고 물으라. 더 많은 반원들이 적극적으로 토의에 참여할 수 있도록 말이다.

12. 모든 답변들을 있는 그대로 인정해주라. 가능한 한 언제나 긍정적인 태도를 보이라. 절대로 반원의 답변에 대해 부정하지 말라. 만약 답변이 명백하게 질문의 의도에서 벗어난 것이라면, 이런 식으로 다시 물으라. "몇 절의 말씀에 근거하여 그런 결론을 내리게 되셨나요?" 또는 "다른 분들의 생각은 어떠신가요?"

13. 처음에는 반원들이 당신의 눈을 보며 자신들의 의견을 말하겠지만, 모든 반원들의 시선이 항상 당신에게만 집중되어져야 한다는 생각은 버리라. 반원들이 서로 친해지게 되면, 지도자만을 바라보는 대신 서로를 향해 자유스럽게 의사소통을 시도할 것이다. 따라서 너무 서운하게 생각하지 말라. 그것은 모임이 건강한 방향으로 나아가고 있다는 한 증거이기 때문이다.

14. 또한 논쟁을 두려워해서는 안 된다. 논쟁이 오히려 자극제가 될 수도 있기 때문이다. 어떤 문제를 완벽하게 해결하지 못했다 할지라도 실망하지 마라. 계속해서 토의를 진행해가라. 답을 얻지 못한 질문은 다음 기회로 미뤄두라. 지속적으로 공부해가는 중에 자연스럽게 문제가 풀릴 수도 있기 때문이다.

15. 반원들이 토의한 내용들을 규칙적으로 요약하여 기록해두라. 이것은 토의되어졌던 여러 다양한 의견들을 규합할 수 있는 좋은 방법이며, 성경공부에 일관성을 더해줄 수 있는 유익한 방책이다. 그러나 그 내용들에 대해 가르치려고 들지는 마라.

16. 매 성경공부가 끝날 즈음에는 부부들에게 "부부 코너"의 내용들에 대해 서로 토론해보고, 개인적인 적용을 해볼 수 있는 기회를 제공하라. 공부 모임에서 이런 시간을 갖는 것은 중요하다. 그렇지 않으면, 부부들이 그냥 지나쳐버릴 수도 있기 때문이다. 물

론 필요하다면, 부부들 스스로가 "부부 코너"의 주제들을 전체 공부 시간이 끝난 후에 따로 더 다룰 수도 있을 것이다. 하지만 그 시작을 모임 속에서 당신이 도울 수 있다는 것이다.

17. 반원들로 하여금 부부가 함께 혹은 각자 "보너스" 부분을 미리 예습해 올 수 있도록 독려하라. 그리고 모임 중에 자신들이 깨달은 바를 서로 이야기할 수 있도록 기회를 주라.

18. 제 시간에 마치도록 하라.

이 밖에도 커플 힐링 시리즈 지도자용을 참고하면, 부부 성경공부모임을 인도하는 법에 대한 더 많은 정보들과 도움말들을 얻을 수 있게 될 것이다.

소그룹 모임의 4요소

건강한 소그룹 모임이라면, 단순히 성경을 공부하는 것 그 이상의 일들이 행해져야 한다. 당신이 성경공부모임을 인도하기 위해 시간을 계획할 때 고려해야 할 4가지 요소가 있다.

첫째, '양육' 이다. 소그룹 모임은 각각의 구성원들이 하나님을 아는 지식과 하나님을 사랑하는 일에 있어서 자라가도록 돕는 일을 감당해야 한다. 그리고 여기서 성경 탐구는 그 일을 가능하게 해주는 핵심요건이자 소그룹 모임의 토대가 된다.

둘째, '교제' 이다. 소그룹 모임은 다른 그리스도인들과 깊은 형제애를 확인할 수 있는 소중한 공간이 된다. 따라서 매 성경공부 전후에는 자유롭고 따뜻한 교제를 나눌 수 있는 시간을 확보하는 일이 중요하다. 서로를 알아가는 데 도움이 될 만한 활동이나 게임 등을 계획해보는 것도 좋을 것이다. 예를 들면, 함께 소풍가기라든지, 저녁 식사 함께 요리하기라든지, 함께 운동하기 등과 같이 즐겁게 시간을 보낼 수 있는 것들로 말이다.

셋째, '경배와 기도' 이다. 반원들이 한 마음으로 하나님께 찬양과 기도를 드리는 시간을 갖는 것은 성경공부의 효과를 배가시킬 것이다. 서로의 필요와 성장을 위해 기도하

라. 그리고 하나님께서 기도에 어떻게 응답하시는지 주목하여보라. 또한 배운 바를 실제 생활에 적용하며 살아갈 수 있도록 하나님의 도우심을 구하라.

넷째, '섬김' 이다. 다른 사람을 섬기는 일은 배운 것을 삶에 적용하는 실제적인 방법이다. 그리고 이것은 성경공부모임이 자기중심적이 되어가는 일을 방지해줄 것이다. 당신의 친구들이나 이웃들을 위한 일련의 전도 모임을 주최하는 것도 한 가지 좋은 방법이 될 것이다. 또 반원들이 함께 독거노인들의 집을 청소해드리는 일이나, 소년소녀 가장들에게 반찬을 제공해주는 일, 무료 급식소에서 자원봉사를 하는 일, 어려운 이웃들에게 집을 지어주는 봉사활동 등에 참여하는 일들도 마찬가지일 것이다.

이런 분야에 관한 더 많은 정보들과 도움말들을 원한다면, "소그룹을 위한 아이디어 뱅크(Small Group Idea Book)"나 "소그룹에 관한 큰 생각(The Big Book on Small Groups)" 이라는 책들을 참고하는 것도 좋을 것이다. 이런 유의 책들 중 하나를 통독해두면, 소그룹 지도자로서의 역할을 감당하는 일에 있어서 여러 가지로 많은 유익을 얻을 수 있게 될 것이다.

용 서

인쇄일 2014년 07월 18일
발행일 2014년 07월 25일

지은이 댄 알렌더, 트렘퍼 롱맨 3세
옮긴이 신겸사
펴낸이 장사경
편집디자인 박소린

펴낸곳 Grace Publisher(은혜출판사)

주소 서울특별시 종로구 종로 65길 12-10
전화 (02) 744-4029 팩스 744-6578
출판등록 제 1-618호(1988. 1. 7)

ISBN 978-89-7917-942-2 04230
ISBN 978-89-7917-934-7 04230 세트